腾讯的人力资源管理

畅销版

张继辰◎编著

海天出版社（中国·深圳）

图书在版编目（CIP）数据

腾讯的人力资源管理 / 张继辰编著. —深圳：
海天出版社，2015.8（2018.3重印）
（标杆企业研究经典系列）
ISBN 978-7-5507-1328-4

Ⅰ. ①腾⋯ Ⅱ. ①张⋯ Ⅲ. ①网络公司－企业管理－
人力资源管理－经验－中国 Ⅳ. ①F279.244.4

中国版本图书馆CIP数据核字(2015)第052588号

腾讯的人力资源管理
TENGXUN DE RENLI ZIYUAN GUANLI

出 品 人　聂雄前
责任编辑　邱玉鑫　张绪华
责任技编　梁立新
封面设计　元明·设计
出版发行　海天出版社
地　　址　深圳市彩田南路海天综合大厦7-8层（518033）
网　　址　www.htph.com.cn
订购电话　0755-83460397（批发）　83460239（邮购）
设计制作　深圳市线艺形象设计有限公司　0755-83460339
印　　刷　深圳市希望印务有限公司
开　　本　787mm×1092mm　1/16
印　　张　15.5
字　　数　180千
版　　次　2015年8月第1版
印　　次　2018年3月第2次
定　　价　39.00元

前 言

腾讯自 1998 年创办以来，在十多年的时间里，腾讯成为中国互联网企业中首家市值突破一千亿美元的公司，也是中国服务用户最多的互联网企业之一。

腾讯以网络社交工具为根基，迅速成长为一个庞大的互联网巨头。腾讯已经发展到如此的高度，一定程度上它已不仅是成功的互联网企业，它更深刻地影响和改变了数以亿计网民的沟通方式和生活习惯，打造着中国人的在线生活。这不能不引起人们的关切：腾讯是靠什么成长起来的？

"人"一直是腾讯的重要命题。它不仅在产品方面有"一切以用户价值为依归"理念，在招人、用人方面也体现出人本的价值观。

现代管理学之父彼得·德鲁克认为："企业只有一项真正的资源——人。管理就是充分开发人力资源以做好工作。"

全球最伟大的 CEO、美国通用电气公司前董事长兼首席执行官杰克·韦尔奇曾说："我最大的成就就是发现人才，发现一大批人才。他们比绝大多数的首席执行官都要优秀。"

　　的确如此，这位全球最伟大的 CEO，把 50％的工作时间都花在了寻找最优秀人才上，他的最大成就也是如何挑选出最合适的管理人才。

　　人力资源是腾讯的隐形竞争力，是腾讯最有价值的资源，也是腾讯的第一财富。不同于大多数传统制造或服务企业依靠简单的人力叠加，互联网公司需要员工既懂得"服从"又要有创造力。这正是互联网公司人才管理面临的最大挑战：一方面，因为员工拥有较高的教育水平、更独立的价值观而难于"教化"，影响组织目标的实现；同时因为员工较高的专业能力频遭同行高薪"挖角"，影响队伍的稳定。从这个角度看，腾讯是中国互联网的特例。稳定而有竞争力的团队是腾讯强大产品开发能力和盈利能力背后较少人知的制胜关键。

　　《腾讯的人力资源管理》这本书的主要目的，就是解决这种普遍存在于各种组织中的人力资源管理之惑。我们选择了腾讯人力资源管理的大量的实例，结合人力资源管理的内容，集理论与案例于一体，深入浅出地分析了人力资源建设的理念，希望能为大家在管理的过程中带去一些有价值的参考信息。这本书具有很强的归纳性，告诉你如何管理一个团队，如何突破自我，对于初创业者和有志于从事管理行业的人，提供了丰富的、可资借鉴的经验。

目录
CONTENTS

第一章

人才观

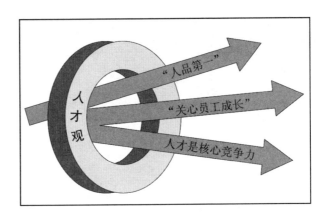

"人品第一"

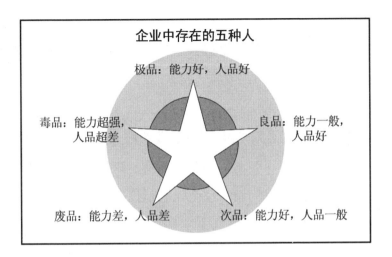

在用人的过程中，现代管理学之父德鲁克认为人品至关重要。他说：

> 正直的品格本身并不一定能成就什么，但是一个人如果缺乏正直和诚实，则足以败事。

在任何企业和组织里，总会同时存在五种人：能力好，人品好，称之为极品；能力一般，人品好，称之为良品；能力好，人品一般，称之为次品；能力差，人品差，称之为废品；能力超强，人品超差，称之为毒品。一个人如果品质不好且能力差一点，还不至于有大的危害。反而是一个能力非常强、智商非常高的人，如果品质败坏，那他所造成的危害就会非常大，有时候甚至会达到致命的程度，断送一个单位、一家公司。

世界上一些知名的大企业，无不将人品看得比什么都重要。摩托罗拉公司非常注重员工的品行和职业道德，如果一个应聘者的品行不符合摩托罗拉的要求，就算他的专业背景再好，摩托罗拉也不会录用。

微软公司前副总裁李开复曾说："我把人品排在人才所有素质的第一位，超过了智慧、创新、情商、激情等。我认为，一个人的人品如果有了问题，这个人就不值得一个公司去考虑雇用他。"

人才是可以后天训练的，但人才若缺乏人品，闯的祸反而比庸才更大，因此企业选才，才华再高，没有人品宁可不要。

无论企业管理制度多么严谨，一旦雇用品德有瑕疵的人，就像埋藏在企业中的炸弹，随时都可能引爆。曾被美国权威财经杂志《财富》评选为世界500强企业、位列第七名的能源巨人安然公司，于2001年年底宣布破产，成为美国有史以来最大宗的破产案。一家年营业额达1000多亿美元的企业，会在短时间内破产倒闭，其原因在于企业CEO与财务总监勾结全球第五大的审计公司安达信会计师事务所，在财务报表上作假，隐藏债务，借以哄抬股价牟利。

对于人品，腾讯 CEO 马化腾是极为重视的。马化腾在招聘时定下一个标准——"人品好"：

> 我几乎有点偏执地超级强调这一点，我们几个创始人都喜欢简单，不喜欢搞政治化，哪怕你说我不懂也好，我就是强调简单，人品第一。这样的毕业生进入我的公司培养三年，我让他成为业务骨干。

马化腾强调：

> 在找职业经理人上我们很重视人品，就算你能力再强，人品不行也不敢让他进来，这是腾讯价值观的第一条——正直。

企业最大的资产是人才，一旦用人不当，人才也会成为企业最大的负债。因此，人才的品德比专业能力更重要，因为人品攸关企业的持续竞争力。

IBM 制定的九项用人标准中，有五项跟品德相关：具备"勇于负责、工作热忱、自我驱策、值得信赖和团队协作"的能力。IBM 人力资源部门内部有不成文的规定：绝不任用"带兵集体跳槽"的主管，因为"有道德瑕疵"；也绝不任用带着前一家公司资源前来投靠的人才，因为"今天你偷了老东家的东西过来，难保明天不会偷 IBM 的东西出去"。

腾讯在用人上也秉持这样的原则：

> 有德有才，破格使用；有德无才，培养使用；有才无德，观察使用；无德无才，坚决不用。

"关心员工成长"

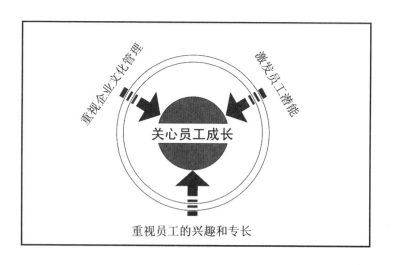

关心员工成长才是企业持续发展的核心源泉。一个不给员工成长机会的企业其本身也难于持续发展，这正所谓竭泽而渔。员工的个人发展与公司的业务发展紧密相连，建立和谐的雇佣关系，让员工在体会工作乐趣的同时，与企业共同成长，共同进步。

腾讯视员工为企业的第一财富。马化腾表示，对于腾讯来说，业务和资金都不是最重要的。业务可以拓展、可以更换，资金可以吸收、可以调整，而人才却是最不可轻易替代的，是腾讯最宝贵的财富，"事实上，从这么多年从业的经验来看，最关键还是人才的培养，一个企业未来能走多远、产品能够为用户创造多大的价值，都体现在对员工和骨干梯队的人才培养上"。

在腾讯的管理理念中有一条重要原则，就是"关心员工成长"。在腾讯公司内部有关的文件中，是这样解释"关心员工成长"这一原则的：

第一，重视员工的兴趣和专长，以良好的工作条件、完善的员工培训计划、职业生涯通道设计，促进员工个人职业发展；

第二，重视企业文化管理，以健康简单的人际关系、严肃活泼的工作气氛、畅快透明的沟通方式，促使员工满意度不断地提高，让员工感受与企业同步成长的快乐；

第三，激发员工潜能，追求个人与公司共同成长。作为个人要有先付出的意识，甘于为团队奉献智慧和勤奋，以优秀的团队成就个人的优秀。

为员工成长搭建平台，创造条件，建立促进员工成长发展的科学机制，给员工平等的竞争机会和晋升机会，畅通他们施展才华的渠道。拓宽他们不断发展的空间，让员工看到自己广阔的发展前景，让员工感到命运掌握在自己手中，能够通过自己的拼搏进取实现自己的价值，感觉到自我发展有前途有奔头，从而激发出更大的工作热情，更加积极工作，自觉奉献，推动企业持久发展。

在注意新员工成长的同时，也要注意老员工的成长。老员工是企业的宝贵财富，如何重视并关心老员工的成长，体现他们自身的价值，从而激励他们快乐地工作、快乐地生活，是一个很重要的课题。关心老员工，就要多了解员工，多与员工沟通。有的老员工不是不想进步，而是不知道自己怎样才能进步，这时主管就要帮助老员工理清头绪，定一个明确的目标，朝着这个目标发展。用动态的眼光看待老员工。在员工成长过程中，也势必会出现一些工作欠缺、不到位的地方，领导一定不要一棍子打死这个人，形成一种思维定式，眼光老是聚集在不足、欠缺的地方。也许老员工通过自身的调整，一段时间后，工作中情绪有了变化，工作效率有了改进，仍没有得到上级的认可和鼓励，久而久之，老员工就会出现很消极的情绪。

对于腾讯这样一个年轻的、业务增长迅速的公司来说，在人力资源发展上，一个最突出的挑战就是：培训、学习经常会跟工作有冲突，甚至有时领导就给拦住了。这就迫使腾讯的人力资源培训在发展实施项目时，尽可能把节奏放快，同时连续学习的时间尽可能缩短，才能让员工更多地保证工作投入，但这样显然会影响培训效果。

人才是核心竞争力

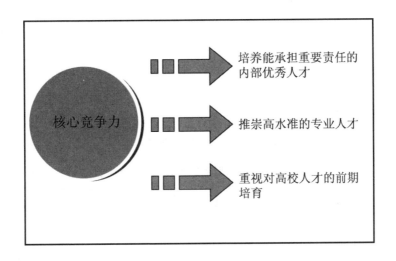

在最为知名、最受推崇的企业中，有好几家坚持将人力资本看作自己最重要的主导价值，结果成了行业领袖。可持续的竞争优势，来自于不能被模仿或复制的东西。这种不能被模仿或复制的东西是什么呢？那就是人才！比尔·盖茨曾经说过，如果可以让我带走微软的研究团队，我可以重新创造另外一个微软。

每一次接受媒体采访，老总们大都会说，它的企业最重要的是人才，是员工。这是一句绝对讨好、"永远正确"的话。但人才决定论者显然无法回答这些问题：在流动的人才市场中，哪一些人才注定是你的？为什么同样的人在这家公司成绩平平，在另一家却十分出色？看来这只能从公司经济实力、管理、经营决策等方面寻找原因。

腾讯人力资源总监奚丹表示："腾讯对待招募回来的人才，从不采取'用完就扔'和'钱才交换'的短视态度，而是致力于将每个员工培养成可长期发展的高素质人才，让员工和公司一起成长。相比采用高薪挖来'空降兵'的模式，腾讯更倾向于通过将多年沉淀的知识和经验传授给所有乐于学习的员工，培养出能承担更重要责任的内部优秀人才。

"同时，腾讯也是一个务实的高绩效导向的公司，十分推崇高水准的专业人才。他们是腾讯的核心竞争力之一，在腾讯不仅能获得很好的发展，同时也享有很高的地位。与此同时，腾讯非常重视对高校人才的前期培育，仅 2011 年就投入上亿元前期资金，与清华等众多高校共同打造校企合作开放平台，联合培养人才。

"归根结底，不管是薪酬回报、发展前景还是内部环境，吸引和留住人才的最好方法就是把公司做得越来越好。企业在谈论薪酬和招聘时，应该明白企业与员工之间不仅是一份能赚多少钱的工作的问题，而是一项值不值得为之持续奋斗的事业。当事业做大做强，个人职业生涯自然也会取得丰厚回报。"

员工是企业的细胞。企业的健康发展需要每名员工的健康和活力。人才竞争力涉及企业文化、氛围和员工素质等多方面，人才竞争的实质是体制和制度的竞争，实施人才强企战略，关键在人才制度的建立和完善。

事实上，人才本身并非一个企业的竞争优势，因为人才也是有市场的，谁都可以买回来。一个人是可以被另一个人拉走的。同样一个人，必须使他在你这里创造的价值比在另一个地方创造的价值大，否则这个人你一定留不住。企业需要使人才在本企业办事的效率高，人才离开企业，或者企业离开人才，彼此在一起的效率比人才去另外一个企业，或者企业找到另外一个人才的办事效率高，这样的话，企业和人才谁都离不开谁。所以，从企业的角度来看，你这个企业能够比其他企业更用得起优秀的人才，就一定要使这个优秀的人才能在本企业创造更高的价值。

企业如何做到员工与企业共同发展、谋求双赢呢？

1. 公司要强化培训功能，充分挖掘员工潜力，使员工真正安心于企业工作并发挥最大潜能，创造出企业与员工持续发展的良好互动氛围。

2. 企业要了解员工自我发展的意愿，寻找其与企业理念、目标的最佳切入点，以此作为企业指导员工发展的起点。

3. 要有步骤、有计划、分阶段地以培训进修、轮岗锻炼、工作加压等手段帮助员工进行自我提高。

· 延伸阅读 ·

柳传志谈联想人才观

◎ 联想在做业务、做事的时候，特别注意"带人"——事业要做出来，人也要培养出来。这样的做事风格，逐渐成为一种文化，它被我们称为"发动机文化"。我作为联想的第一把手，是一个大的发动机，我希望把我的副手们（各子公司和主要部门的负责人）都培养成同步的小发动机，而不是齿轮。齿轮是没有动力的，无论我的发动机再强大，齿轮本身再润滑，合在一起的系统所能提供的总能量也是有限的。如果他们是同步运行的小发动机的话，我们联动的力量将非常强大。

◎ 企业要给员工好舞台，形成发动机文化。一把手是大发动机，他要把工作的责、权、利给下属交代清楚，由责、权、利组织舞台，其他小发动机跟着动。发动机的特点除了激励就是同步，只有同步才能运转。而齿轮文化是上面把下面的工作方式规定得特别严，一环扣一环，尽量减少摩擦，润滑剂够量也能运转很好。

◎ 在此（1997年）之前，培育年轻人主要考虑把事业做大，我用的方法是让他们参与管理。从1997年开始，特别是1998年以后，我有意识地从第一线往下退，特别注意把自己再架空一点。从那时起，我有一个极为清醒的意识，联想的领导架构不能是一台日益庞大的齿轮箱，不能是一台由我来带动大大小小齿轮一起发动的齿轮箱。联想需要多缸发动机，每个缸都能产生强劲动力，再有机地结合为一体。这种发动机的工作方式就是把责权利充分赋予年轻人，让他们独立地自己去发力、主动思考加创造执行，我可以指导他们但绝不代替他们。放手给他们机会和舞台，让他们蹦蹦跳跳并摔摔打打。

◎ 人的带动就是撒一层土夯一层，夯实了再撒一层，不然是带动不了的。

◎ 培养一个战略型的人才与培养一个优秀的裁缝师有着相同的道理。在开始的时候，对于一个裁缝学徒来说，不应该给他一块上等的布料让他去做西服，而是应该让他从鞋垫开始做起。鞋垫做好了，再做短裤，然后再做一般的裤子、衬衣，最后才做西服。这需要一个循序渐进的过程，不能一口就吃成个胖子。

◎ 诸葛亮之败，固然有当时复杂的政治、经济和军事等方面的很多因素，但我认为他本人培养人才不力肯定是主要原因之一。在他用兵点将的时候，一般我们很难看到核心团队成员的决策参与，更多是诸葛亮个人智慧的专断，这种习惯导致了后来蜀汉政权内部对诸葛亮的绝对依赖，广大谋臣及将领缺乏决策的实际锻炼。后来他身居丞相位置，工作不分大小多亲历亲为，自校簿书，罚二十以上亲览，没有着力为蜀汉政权造就和培养后续人才，以致造成后来"蜀中无大将，廖化充先锋"的局面。他最后选定姜维做接班人，主要还是让姜维做事，对姜维如何定战略、如何处理内政尤其是处理与成都朝廷集团的关系等方面缺乏悉心培养指导。他这么干不行，连他的对手司马懿也看出来了，说："孔明食少事烦，岂能久乎！"诸葛亮每次吃得那么少，事务繁杂又事必躬亲，肯定活不长了。果然不久诸葛亮就积劳成疾，过早离开了人世。我没有半点亵渎诸葛亮的意思，主要是哀其不幸，也感叹其误己，最后也耽误了蜀国的事业。

◎ 我们对人才采取在赛马中相马的策略，这包含三方面的含义：要有跑道，即为人才提供合适的岗位；要有跑道的划分，不能乱哄哄地挤作一团，必须引导他们有序地竞争；要制定比赛规则，即建立起一套较为科学的绩效考核和奖励评估体系。企业的人才培养是一个动态的过程，是一个实践到认识、再实践到再认识的过程。最好的认识人才和培养人才的方法就是让他们去做事。只有在赛马中才能识别好马，才能发现千里马。

◎ 管理人员到了一定程度以后，岗位要进行轮换。为什么要进行轮换呢？因为他在这个岗位做，实际上是体现学习能力的一个很好的方式。这个部门他做得好，是不是能够充分地研究为什么做得好。换了一个部门，还能够做得好，还能讲出道理，换了第三个部门，依然如此的话，这个人可以升了，可以承担更大的工作。如果没有的话，仅在一个部门，很好，就往上走，这里面有偶然性。所以轮岗是一种非常重要的方式。

◎ 以我办联想的体会，最重要的一个启示：除了需要敏锐的洞察力和战略的判断力外，培养人才，选好接替自己的人，恐怕是企业领导者最重要的任务了。

· 延伸阅读 ·

马化腾：腾讯长期关注的热点是人才

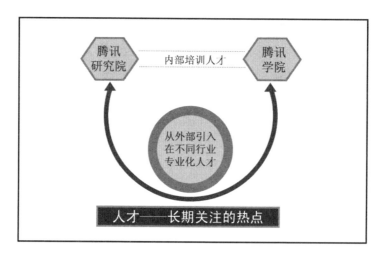

腾讯应该长期关注的一些热点，如果从内部来看，我觉得最关键的还是人才。中国互联网的市场和前景机会非常大，但是我们看到很多的企业在这个发展过程中都有不同的表现，或者是不同的发展。

事实上，从这么多年从业的经验来看，最关键还是人才的培养，这对一个企业未来能走多远、产品能够为用户创造多大的价值，更多地体现在对员工和骨干梯队的人才培养上。

其实资金、机会，很多行业和企业都不缺乏，最最关键还是人才。包括很多互联网行业和在国外竞争中，和欧美、韩日这样的市场相比，最大的区别就是人才。我们也看到像现在最大的一块，从收入来看最大的一块市场——网络游戏，走的也是先从国外引入的方式。但是，因为我们没有人才，没有在这方面非常有经验的人才，包括策划、美术、编程的人才。当然，基础人才是有，但是没有运营的经验，这成为制约中国互联网发展最大的因素。

腾讯也看到这方面是很大的一个因素，所以我们对内对外都一直强调，人是企业发展、互联网行业发展的最根本要素。

我们很注重人才梯队的培养，对腾讯的老员工我们提供更多的培养机制，建立更多的职业发展通道。但是我现在还不是很满意，对这块的要求还要更高。腾讯除了腾讯研究院之外，还有一个腾讯学院，目的就是希望能够在内部培养更多的人才。另外，我们还是积极从外部引入在不同行业的专业化人才。

腾讯过去从一家技术型的公司，演变成一家综合性的互联网服务商，我们还缺乏很多条腿。包括像网络方面、品牌方面、网络广告方面、电子商务方面、搜索方面，我们都需要引入外界更多的志同道合的专业人才，这也是我未来更多关注的、需要花更多时间的重点。

第二章
人才招聘

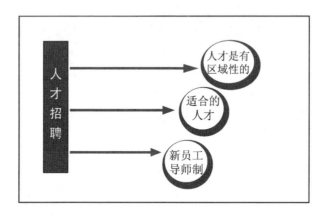

人才是有区域性的

马化腾认为，腾讯之所以人才会比较充足是得益于好的区域。马化腾说道：

> 深圳做计算机研发的人才是很丰富的，得益于原来定位的高科技，像华为和中兴都在深圳，人才是很重要的。像媒体只能在北京做，特别是网络媒体。（深圳与北京）各有侧重，但我们原来起步时还是以技术研发为主，包括现在的很多产品还是以研发为驱动力，还是以深圳作为研发中心。

人才具有区域性，这在全世界都是特别需要注意的。正如在华尔街，金融类人才必定很多。在硅谷，计算机类的人才会多。在底特律，是世界汽车类人才的聚集之地。另外一个聚集人才的地方，就是高校。

马化腾说道：

> 腾讯还非常重视创新人才的挖掘。美国的比尔·盖

茨也好，戴尔也好，很多的例子都是他们在高校里创新。高校是创新来源非常重要的场所，在中国还不太明显，我相信这是未来的趋势。所以腾讯也非常注重跟高校进行这方面的合作。

网易 CEO 丁磊同样非常注意人才的区域。网易作为一家在广州起家的公司，却选择到杭州建立研发中心，谈及原因，丁磊说道："选择来杭州的原因，除了大家看到优美的风景以外，最重要的是杭州位于长江三角洲当中，这个城市的地理位置，包括周边的大学——南京的大学、上海的大学、浙江的大学和杭州本身的一些大学，能够为网易未来的发展源源不断地输送人才资源，这是我们最看重的一点。大家知道，做研发最重要的就是人才，如果你立足杭州的话，就很容易做到就近取材，浙江大学我相信大家也知道。长江三角洲在工科方面有很多非常杰出的学校，包括南京大学，还有上海的交通大学，我们希望未来都可以用到这些人才。并且，杭州还有一个中国美术学院，这里的学生对于网易游戏的创意、制作方面都是很好的人才储备，中国美术学院现在也有网络游戏这个专业。"

适合的人才

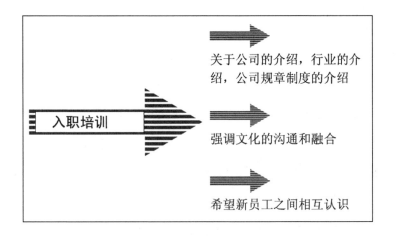

人员任用讲求的是人岗匹配，适岗适人。找到合适的人却放到了不合适的岗位与没有找到合适的人一样令招聘工作失去意义。招聘合适的人才并把人才配置到合适的地方才能算是完成了一次有效的招聘。在招聘时就应该找到适合自己的人，而不是指望招进来后再改造他们。对"80后"而言，"改造"是个贬义词。

腾讯公司有自己的价值观。腾讯用5种动物来阐释自己的价值观。头一个是长颈鹿；第二个是蚂蚁；第三个是犀牛和小鸟；第四个是鹦鹉螺。这5种动物分别代表了四个价值观：长颈鹿是正直，蚂蚁是尽责，犀牛和小鸟是一个合作的关系，最后一个鹦鹅螺是创新。腾讯公司招人、面试的时候，看什么？是看哪个学校毕业？还是什么专业？这些都看，但腾讯会注重看他是不是符合公司的价值观，比如他是不是非常善于合作、非常正直，这通常是腾讯在面试的时候非常看中的。

随着企业的发展，腾讯开始注重吸引志同道合的人才，经营品牌，学习并制定了适合腾讯的人才发展机制，逐步积累了更多的经验。

互联网的产品周期是以月为单位的，但是培养人的周期，正常的情况下，也要 5 年到 10 年。好在腾讯的 HR 团队，能够清楚地知道自己的方向。腾讯过去的 HR 工作始终是一边打基础，一边追赶公司发展的脚步。同时，互联网始终在快速发展、快速变化，腾讯的 HR 团队永远不能说自己的工作已经成熟了，而是要不断去探索，如何吸引和发展人才。

第一份工作是毕业生事业的起点，对他们来讲非常重要。腾讯跟别的企业相比，有它自己非常独特的特点。首先互联网行业正处于一个高速发展的阶段，其中肯定酝酿着许多机会。同时腾讯也正处在它的高速成长期，加盟腾讯对他们的锻炼是在其他企业所不能体会的。此外，选择一个企业，要看这个企业在行业中的位置。腾讯在互联网领域，是走在前面的，在 IM（即时通信）领域是亚洲第一、世界第三的位置。对毕业生而言，腾讯能够提供给他们一个非常广阔的平台。对他个人能力的提升、职业生涯的发展，都会有非常大的帮助，的确是一个不错的起点。

对于招聘到的人才，不论是社会招聘还是校园招聘，腾讯都会对其进行一定的培训。培训的内容，或者说活动的设计，腾讯有三个类别：第一个是关于公司的介绍、行业的介绍，还有公司规章制度的介绍，这是一个方面，比如说人事制度、公司的历史等等；第二个是更强调文化的沟通和融合，其实新员工进入腾讯一般都要经过 10 天的培训，在这个培训的过程当中，腾讯有很多的活动，就是为了让员工对公司文化有认可和了解；第三个是对新人培训还有一个目的，就是希望新员工之间相互认识。腾讯两万多人的公司，希望在新人培训当中，大家相互认识，于是就设计了一些活动和交流，这些占了相当的比例。

一个新人经过培训了以后，不是说以后就不管了，腾讯还设立了二级培训体系，还会给新员工做一些活动。现在腾讯强调 100% 的新人要有一对一的老师，公司还会对他们进行二级培训，这个是做门户网站的，那个是做网络游戏的，还会介绍公司整个的业务情况和一些基本情况。

新员工导师制

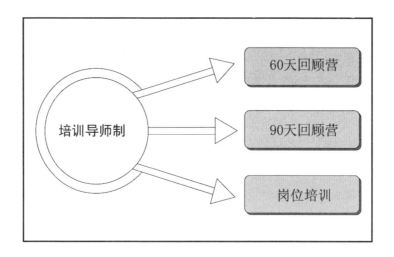

腾讯每年都会招 1000 多名新员工，公司不希望这些同事带着以前的各种各样的做事方式，而把腾讯原有的很好的文化冲淡了。这些新来的同事能不能很快融入公司，能不能认同公司的文化和价值观，不光取决于腾讯在招聘上的把关，也取决于腾讯对他们进行怎样的培养。

在腾讯，每一位新入职的员工都有一位公司任命的在相同领域工作的资深导师。在他（她）的带领下，新员工的职业生涯将更顺利地起步，并一路披荆斩棘，获得成就。

60 天回顾营

新员工在进入工作岗位后，随着工作任务的增加以及对工作环境的熟悉，困惑和焦虑有可能滋生出来。60 天回顾营可以使毕业生们得到伙伴的支持。60 天回顾营为新员工安排了心理座谈环节，帮助新员工缓解初入职场的压力；安排各产品系列的体验介绍课程；还为技术族同事安排了选修课程。

90 天回顾营

90 天回顾营中，在祝贺新员工顺利转正的同时，也传达腾讯公司对新员工在工作岗位上发挥重要作用寄予厚望。心路历程分享环节，让新员工一起回味成长的苦恼和快乐。

岗位培训

腾讯公司各系统（部门）可自行设计岗位培训项目，帮助新员工提升岗位所需要的专业技能，拓展知识深度与广度，以便快速适应并胜任本职岗位。

·延伸阅读·

招聘流程设计

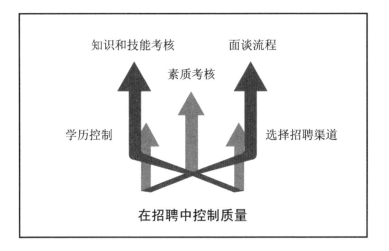

目前,快速成长的高科技企业常常抱怨的一个问题是找不到需要的人才。但是,如果问一问他们,你们需要什么样的人才?得到的回答多半是技术上面要一二三,有的企业可能还会加上要求团队协作等有限的干巴巴的几个词语。对于如何面试考核,更没有明文规定,往往是随机操作。试想,这样的操作如何能够保证企业找到需要的人?

要从战略的高度看人才招聘

HP公司的面试程序是5个以上的经理和应聘者一起面谈，实行一票否决制，就是只要参加面试的人中，有一个经理表示不同意，这个人就不能进入HP。微软的招聘口号是"我们只招最聪明的人"。在微软，每一个管理人员都在随时提醒自己，雇用比自己更聪明的人，更有创新能力的人，这才对得起公司。

这些绩效卓然的企业都把寻找合适的人才放到一个战略的高度。因为人才是企业保持竞争优势的根本来源，更因为公司大多数文化的保持是通过雇用符合公司要求的员工实现的。对于一个公司来说，也许没有什么比决定"雇用谁"更重要了。因此，即使在公司急剧膨胀，人才竞争激烈的情况下，这些公司都没有降低它对员工的雇用标准。并且在人才招聘和挑选过程中投入了大量人力以保证招聘的质量和数量符合公司的要求，保证在一开始就创造竞争的优势。

要认真分析企业需要什么样的人才

要找到合适的人才，首先要认真分析企业需要什么样的人。雅虎的业务运作高级副总裁说：公司已经找出杰出雅虎员工的核心特性，只有在以下四个方面表现突出，应聘者才能加

入雅虎:

人际关系技能: 我们聘用的人需要领导和与他人合作, 所以人际关系技能是很重要的。

影响力范围: 我们所聘用的人应结识一批英才。

既能收紧, 又能放开: 我们聘用的人应该能干实事, 能调动各种手段完成任务, 这叫收紧, 但同时他们又能放得开, 看到全局, 即该任务对公司的竞争力有何影响?

热爱生活: 我们希望人们热爱自己的专长。实际上, 多数人既有一个具体的爱好, 如爱好体育、艺术等, 也热爱生活。这样的人, 往往有着创新的奇妙思想火花和强大事业的动力。

雅虎员工的"核心特性"实际上是一个特定的人员素质模型。

素质模型的研究是人力资源领域的一个重要分支。素质模型是指一组具体的、可以观察到的、可确定的行为, 是在达到一定绩效标准的工作表现中认识到的一种能力。素质模型中, 每个按照所需求的最低标准完成工作的人都必须具备的能力, 称为门槛能力。能把普通业绩者和优秀业绩者区分开的能力, 称为区分能力。而优秀的企业的素质模型标准往往指的是区分能力。在建立素质模型时, 需要注意以下几点:

是企业真正需要的、能够清楚地表达企业文化的并能够区分普通业绩者和优秀业绩者。

要对每一个素质给出明确的定义，最好给出相应的事例作为判断的参考。只有这样才能够保证素质模型可以操作。

分析应该是认真的、深入的，从企业的实践中去提炼。如果能够在相关专业的专家的协助下进行，会容易得多。

在招聘中控制质量

定义清楚需要什么样的人以后，就可以有的放矢地去寻找需要的人才。如何用比较少的成本找到合适的人，并保证招聘的质量。有效的控制方法和渠道是很重要的。

1.学历控制

相当多的知名企业往往只录用重点院校的毕业生。虽然，成绩不是决定因素，但是可以在一定程度上反映出学习能力和智力水平。

2.知识和技能考核

知识和技能是比较容易被识别的。考核的重点要注意避免以点带面，对细节的询问是最能够反映出真实水平的。比较客观的做法是辅之以技能笔试。笔试的内容最好是由企业的有关专家准备，可以是建立一个有相当数量题目的题库，以保证全面性和考核的准确性。

3.素质考核

素质考核的方法主要是在面谈中进行有效的沟通和观察。

根据特定的素质模型，采用关键行为访谈法是比较好的：要求应聘者描述具体的工作项目，进行实际行为的了解，远比设计一些古怪的问题有效。也有一些大型的企业，比如IBM、宝洁公司招聘笔试都会涉及大量的素质和智力题目。通过笔试进行素质考核，要求题目是精心设计的，设计的难度也是相当大的。

4.面谈流程

面谈一般不会是一次或是一个人就可以决定的。一般是采用多人同时面谈和增加面谈的次数。创造一个相对宽松、有利于沟通的氛围也是面试过程要注意的。设计一个规范的面试流程对于把握考核的质量是非常重要的。由于面试是应聘者第一次接触企业，很多企业强调面试的方法就要反映出公司的企业文化和特点，以便吸引到喜欢这种特点的优秀人才。

同时，面试者本身的素质和技巧、判断力也是关键的。可以指定某些人为特定的面试资格人进行一定的培训，是比较好的解决办法。

5.选择招聘渠道

很多公司，特别是优秀的公司往往会直接到学校去招聘新人，而且比例在用人计划中是相当大的。招聘应届生往往会以较小的代价获得极有潜力的人才。另外，几乎所有的企业都建立了内部招聘渠道。通过员工推荐，是寻找合适人才的一个有效的相对成本较低的办法。在法斯特兰（北电一个分公司）：只要某人推荐的知识型员工工作时间超过1个月,公司就奖励他1000美元。

　　总之,要找到你需要的人并不困难,但也不是一件容易的事情。找到合适的人,是构建企业优势的第一步。

员工导师制具体操作方法

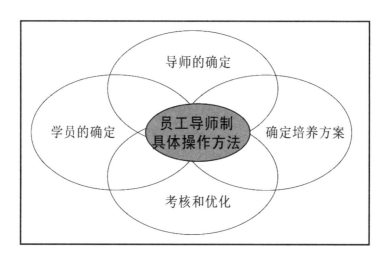

　　首先是学员的确定，即新员工或有培养潜质的员工。新员工需要导师制，主要原因是作为高新技术企业，应尽快增强新员工对公司的认同感、归属感，降低新员工流失率，缩短新员工的技能成熟期，迅速提高新员工的胜任能力。至于确定有培养潜质的员工，通过工作分析可以帮助明确哪些员工需要接受导师制培训。在企业中有许多不同的"压力点"，表明培训是必要的。这些压力点包括绩效不良、新技术出现、内部以及外部顾客产生培训需求、工作重新设计、新的法律法规出台、客户偏好发生变化、新产品出现或者雇员缺乏基本技能等。

如何确定进行导师制培训的员工，这里有一个重要的潜在指标：当出现新技术新任务，或者员工需要改善工作绩效且有培养潜质的需要的时候。有培养潜质的员工资格的确定，采取两个结合，一方面是部门领导推荐，另一方面是个人自主结合，把学员的主动性和自愿性结合，保持积极学习的心态。

其次是导师的确定。导师制是一项利在长久的系统工程，导师素质的高低直接影响着执行的效果，这是高新技术企业实施导师制成败的关键。它要求"导师"必须具备相应的理念、能力和技巧，否则难以达到预期目标。符合任职资格的导师一般是公司正式任命的干部、确定的后备干部或者部门骨干员工，人品好、工作能力强、工作经验较丰富且乐于助人，认同并理解企业理念、企业精神和企业文化，参加过导师技能培训或已具备指导新员工的实际经验，对实施导师制有积极的态度。导师的聘任在满足导师任职资格基础上，还须考虑员工担任导师的意愿，并且指导的双方都可以提出变更指导关系的请求。对于导师的确定，人力资源部先根据个人的综合素质、管理能力、业务能力、个人专长等情况，分别确定一级导师、二级导师和三级导师。不同资格的导师带不同层次的学员，每名导师至多带三名到四名学员，形成梯状的人力资源结构。

第三是确定培养方案。在学员和导师均确定后，各部门领导及人力资源管理部等相关部门共同负责对"导师"的辅导和培养，制订系统的培训计划，并定期对导师进行培训，公司向导师提供关于公司经营理念、发展战略、企业文化、指导新员工技能、团队建设、职业生涯发展规划等方面的培训课程，并提供相应管理技能的工具和知识，导师的培训课程将随着指导内容的变化而作出相应的调整。导师对学员的培养方法可以灵活多样，比如：工作上随时指导、定期指定研究课题、针对性的技能专题培训、谈话式的互动交流等多种方式。培训内容包括企业文化认知、企业规章、岗位职责、业务流程规程讲解、专业知识和工作经验传授等，主要由导师根据学员个人实际情况和公司发展需要相结合，选择相对应的培训内容。培训时间导师可与学员商定，确定了培养方法和内容后，导师要给学生指定相关的研究课题，并把培训计划和培训内容报给人力资源部备案，并接受人力资源部的定期检查和监督，确保培训的质量和效率。

第四是考核和优化。根据导师制订的培养计划，公司人力资源部每年根据上下级对导师指导过程的反馈情况和新员工工作表现的结果定期进行考核，对于学习的实际效果、工作中的成绩，人力资源部给予备案。对于优秀学员，人力资源部可以为学员引荐更高一级的导师，并把学员的进步作为导师晋升、晋级的依据之一。对于完不成培训任务、达不到培训目标的，人力资源部可以对导师及学员进行降级处理，并作为日后考核的依据。导师的聘任期一般是一年，聘期届满根据考核结果重新评选聘任导师。每年根据考评结果评出一批优秀导师，并将优秀导师列为后备干部队伍，给予重点培养和辅导。针对培训中出现的问题，导师会同人力资源部共同进行调整，不断地改进、完善培训方法和内容，实现内部培训的优化和升级。

（本文摘编自《解析 A 公司导师制》，来源：人才资源开发，
作者：杜杏华，2005[10]）

学习硅谷如何吸引顶尖人才

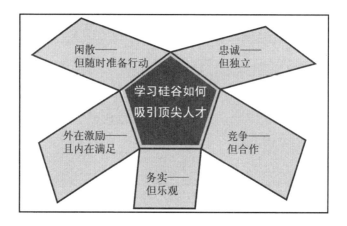

作为知名高科技公司云集之地，硅谷拥有苹果（Apple）、思科（Cisco Systems）、谷歌（Google）、惠普（Hewlett-Packard）、财捷公司（Intuit）、甲骨文（Oracle）和雅虎（Yahoo）等顶级IT公司，这些公司的成就和影响力已经远远超越旧金山湾区。

但真正带动硅谷IT公司发展的是各种人才，一个令人称叹的群体。总体上，约45%的硅谷人口至少拥有学士学位，而美国总人口中这一比例为28%。近20%的硅谷人持有研究生或其他专业性学位。硅谷吸引着来自全球的人才：逾60%在硅谷科技和工程领域工作的毕业生出生于美国本土以外。这种多元文化激发了各种不同的创意。

各个行业的IT高管们希望效仿硅谷，点燃员工的某种激情和创意。但是，他们能做到吗？

我们研究发现，在员工和企业文化管理方面，硅谷高科技公司及其主管们特别擅长管理五种看似矛盾的现象。

闲散——但随时准备行动

从随意的穿着到咖啡店内随处可见的闲逛者，凡是到硅谷参观的人，无一不对加州这种固有的闲散生活方式印象深刻。然而，闲散只是故事的一部分。实际上，在闲散生活方式的背后是疯狂的产品开发速度和严苛的交付期限。很多公司产品研发周期都是以周来计算的，而不是月。

但真正驱动硅谷公司发展的，是强调快速完成任务而非纠缠于每个潜在的瑕疵。Facebook墙上的标语"完成胜过完美"即是对该种态度的总结。根据我们的调研，认同此方法的硅谷科技人士是其他地方的两倍。

同样，硅谷公司无法忍受官僚主义或其他任何束缚企业迅速发展的事物。近60%的受访者认为，在决策速度方面，自己公司要胜过其他公司,而且制约因素更少。相比之下,仅三分之一的非硅谷专业人士对本公司持类似看法。

试验、渐进式、迭代创新往往受人追捧,人们并不提倡在项目之初就搞定一切。在硅谷,常见的口头禅是"行动,试验,改进"。

忠诚——但独立

硅谷到处都是敬业的专业人士。他们经常长时间在办公室和办公室以外的地方工作。71%的受访者表示出对雇主很高的忠诚度,这一比例远远高出其他地区。其实,他们较高的忠诚度更多源于对工作本身及同事的热爱,他们的奉献精神源于对技术未来前景的憧憬和执著,相比之下,为之效力的公司只是实现这一伟大事业的载体。

这也是为什么硅谷人随时准备跳槽的原因,特别是面对那些与顶级人才合作的工作机会时。硅谷人更像自由的合同工,在不同工作间转换。这就使硅谷成为一个具有高度流动性的人才库。相比其他地区,硅谷的专业人士更乐于接受来自其他公司的邀请。在硅谷,逾一半的受访者表示,可以在两个月内轻松找到工作。

虽然不是每个行业都希望有这么高的人才流动率,但是研究显示,很多公司认识到让人才和创意流动起来的价值,即使这种模式只是在内部实施。比如,有些CIO会建立一种鼓励IT人才与工程技术人才互相流动的组织架构,让公司上下可以自由地分享人才和创意。

竞争——但合作

虽然硅谷高科技公司和硅谷人之间是无情的竞争对手,但他们之间的合作也无处不在。硅谷人非常注重团队合作。我们发现,相比其他地方的人士,硅谷人在选择工作时,更看重未来的合作者是谁,这会在一定程度上影响他们的决定。

鼓励内部合作有益于任何公司和任何行业。比如,盖普公司首席信息官汤姆·凯撒(Tom Keiser)拆除了IT部门的固定办公座椅和高墙隔断,以提供一个开放空间,集思广益。这种办公室设计旨在鼓励协作、面对面交流,已被众多行业广泛采用。

与公司以外的人士交流也非常重要。积极参加开源项目的硅谷IT人士是硅谷以外地区的两倍多。

硅谷的这种协作氛围,还得益于硅谷人积极培养和加入同行人脉网络的习惯。大部分受访者认为,相比其他地方的IT人士,与机构内和机构外同行联谊是硅谷人获得成功的重要因素。脸谱首席信息官蒂姆·坎波斯(Tim Campos)肯定了这种人脉关系的重要性:"这是头等要求,我能在公司内完成任务,因为我知道在公司外找谁帮忙。"在硅谷,人们往往依靠人脉寻找新工作,而非猎头公司。

务实——但乐观

硅谷专业人士非常务实，因为他们深知成功来自无数失败。他们视失败为一个必经阶段，一个学习、成长和改进的机会。但是，在这种务实态度之外，硅谷人还有一种固有的乐观精神：竭尽全力，采用正确的方法和人才，大部分问题最终都能解决。

务实且乐观的精神让硅谷从两方面受益。首先，为硅谷注入一股顽强的韧性和革新能力。在硅谷，人们失败后会立马站起来，拍拍尘土继续前进。第二，鼓励一种谨慎的风险偏好。逾半数参加埃森哲调查的高科技人士认为，自己的公司是高风险偏好者，而只有四分之一非硅谷公司持此观点。

鉴于硅谷高科技行业的波动性和不确定性，勇于冒险是一种顽强的务实精神。正如脸谱首席执行官马克·扎克伯格（Mark Zuckerberg）所言，"不冒险就是最大的风险。这是个快速变化的世界，不冒险必定失败。"

外在激励——且内在满足

在硅谷，巨大物质奖励激励着人们，但他们同时也深深被内在成就感所激励着。埃森哲调研结果显示出这个特点。大部分硅谷IT专业人士认同挣钱对他们来说非常重要——但是大部分人也承认，他们宁愿薪酬少点，只要工作本身可能激励他们，帮助他们在专业领域成长，为公司创造价值。

硅谷人注重智力激励，勇于接受挑战，用创意去解决困难，这就足以解释为什么存在这些相互矛盾的方面。近一半受访的硅谷专业人士说，他们在业余时间钻研技术项目是为了"获得乐趣"。

因此，对于任何公司而言，满足员工内在需求最有效的方法就是提供具有挑战和报酬丰厚的工作。一位科技行业高管总结道："对员工说的第一件事就是，'伙计们，我有一个好活派给你们，一项能证明你们自己的工作。'"

（本文摘编自学习硅谷如何吸引顶尖人才，来源：经济观察报，2014.6）

第三章
人才培养机制

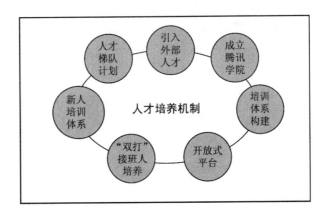

Tencent

新人培训体系

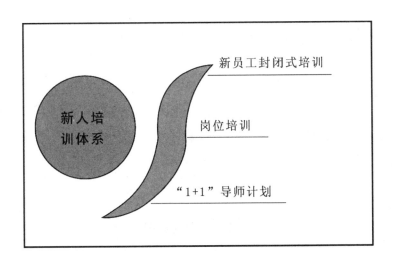

人才是腾讯最宝贵的财富。作为腾讯未来发展所需要的高潜质人才，新员工入职后将会接受到系统的培训。这些培训将帮助新人快速融入公司，完成向"腾讯人"的转变；掌握基本的职场能力，完成向"职业人"的转变。

1. 新员工封闭式培训

入职后，新员工将接受内容丰富的封闭培训。在结交新伙伴的同时，新员工将对腾讯的文化、制度、所处的互联网行业有全面深入的了解，还将获得全面提升职业素养的训练。

2. 岗位培训

进入工作岗位后，一系列的岗位培训课程将帮助新员工提升专业技能，拓展知识深度与广度，以便快速适应并胜任本职岗位。

3. "1+1"导师计划

一位和新员工在相同领域工作的资深员工，将被任命为新员工的导师。在资深员工的带领下，新员工的职业生涯将更顺利地起步，并一路披荆斩棘，获得成就。

人才梯队计划

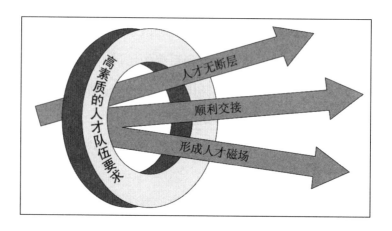

21 世纪的竞争是人才的竞争，高素质的人才队伍是企业保持竞争力的有利资本。企业的高层与人力资源部的最终目标是一样的，那就是使企业变成一个人才济济的地方，这就要求：

人才无断层：当企业内的某个职位由于公司业务的变动、前任提升、退休或辞职等种种原因出现空缺时，保证有两名到三名的合适人选接替这个位置。

顺利交接：要保证目前的人选确实胜过他的前任，这点解决得越快越好，不能拖得太久。

形成人才磁场：要广为宣扬企业招贤纳才的形象，这样才能招到一流的人才。

因此，就需要人才梯队建设。所谓人才梯队建设，就是当现在的人才正在发挥作用时，未雨绸缪地培养该批人才的接班人，也就是做好人才储备。当这批人才变动后能及时补充上去和顶替上去，而这批接班人的接班人也在进行培训或锻炼，这样就形成了水平不同的人才，仿佛站在梯子上有高有低一样，形象地称为梯队。人才梯队建设为的就是避免人才断层。

企业若想建立一支合格的人才梯队，就必须明确自己当前及未来所需的人才种类。首先要建立一个良好的人力资源体系，专门负责人才的招募、甄选、安置、培训、奖励和挽留等事项。企业要安排好人才的职务轮换，确保他们在踏上领导岗位时已经有足够的经验、技巧和决断能力。为此，企业还需要推出一系列的相关培训项目。

　　至于腾讯目前如何确定自己的人才战略？马化腾说道："我们很注重人才梯队的培养，对腾讯的老员工我们提供了培养机制，建立了职业发展通道。但是我现在还不是很满意，对这块的要求还要更高。腾讯除了腾讯研究院之外，还有一个腾讯学院，目的就是希望能够在内部培养人才。"

　　以"注重沟通、注重结果，面向能力、面向未来"为原则，腾讯为每一位员工设计了职业发展通道和对应的完善培训体系。每一位员工都可以找到工作需要的专业知识、找到提升个人素质和领导力的培训课程，找到关心、辅导他的主管，找到帮助他全方位发展的优才加速培养项目。

引入外部人才

　　企业高速发展的同时，也带来了另外一个问题，就是人才需求的大幅上升，尤其是对精英人才的需求更是迫切。因为一般的劳动力，经过短期培养就可以满足大部分岗位的要求，但对于技术含量高或对经验和综合能力要求高的岗位就难以通过短期的培养来获取，因为这些人才的培养期一般要延续 8 年到 10 年，甚至更长的时间。因此，企业往往会通过从外部引进的方式来获取这些稀缺性的人才。

　　马化腾说道："我们还是积极从外部引入在不同行业的专业

化人才。腾讯从过去一家技术型的公司，演变成一家综合性的互联网服务商，我们还缺乏很多条腿。包括像网络方面、品牌方面、网络广告方面、电子商务方面、搜索方面，我们都需要引入外界的志同道合的专业人才，这也是我未来关注的，需要花时间的重点。"

很多企业认为，如果现在没有能力，那引进人才就能解决了。这更多是一种很急迫的心情，希望引进一个国际经理人把问题都解决。但从长远来讲，外部引进与内部培养需要两手抓。如果过于强调外部引进，大多数重点岗位必须是满足一定条件的职业经理人才可以担任，这本身会产生多种弊病。其有可能传递了一个错误信号，内部员工会认为升迁无望从而失去工作热情，造成人才流失。所以，好的人才引进重点还要考虑如何把引来的精英转化成一种有机的良性循环的机构化能力，变成企业的 DNA。一旦人走了，企业还是可以不断去打造这种能力，这才是长久之计。

企业引进人才过程中，会出现各种各样的问题，有成功的事情也有很多失败的事情，大家往往过后缺乏自省的意识，让各种失败的案例反复出现，这给企业和人才都带来了很多损失。作为真正想引进人才、用好人才的企业，一定要加强自我反省。

成立腾讯学院

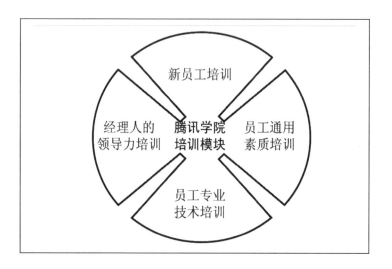

　　最初，腾讯人力资源总监奚丹成立了一个培训组，作为培养员工的基地，当培训组无法满足公司对人才的需求时，腾讯学院便成立了。2007年的教师节，腾讯学院选在这一天举办成立仪式。彼时腾讯的员工总数已近5000人，并仍在飞速扩张。截至2014年，腾讯的员工总数已经达到了2.5万人。

　　腾讯学院的使命是通过提供多样的学习与发展方式，成为：员工3A（3A：Anytime，Anywhere，Anyway）学习的知识银行；经理人培养团队的黄埔军校；公司知识管理的最佳平台。腾讯学院现拥有超过百人的内部兼职讲师队伍、超过百门的自主研发课程和过千门的网络课程。对外，学院与哈佛、中欧、长江商学院及惠普商学院、爱立信中国学院、摩托罗拉大学等知名企业大学建立了合作关系，员工可接触到外部顶尖的专家讲师和顾问。同时引进了全球范围内领导行业标准的培训管理与在线学习系统（内部称 Q-learning 系统），目前这套系统正在影响着越来越多的腾讯人的学习习惯。

"员工成长的顾问、业务发展的伙伴、企业变革的助手。"腾讯学院以三个短语来描述自己的定位。从刚进公司的新人，到经验丰富的职业经理人，学院根据实际情况制订了不同的培训方向和计划。公司级讲师至 2012 年已超过 600 人，腾讯的高管包括马化腾都会参与分享和授课。

腾讯学院不仅对中高层经理人进行领导力培训，还对走专业通道的员工进行培训。

对于那些走专业通道的员工来说，对其培训、职业规划和设计也是在腾讯学院来完成的。腾讯会对这一部分员工提供职业培训，现在腾讯把员工工种分成四大族，有市场族、产品族、技术族和职能族。根据工种不同，每个族里腾讯又分不同的级别，每个级别腾讯又设计了一些专业培训的课程。

至 2012 年腾讯学院已经研发出 300 多门课程，包括新员工培训、员工通用素质培训、员工专业技术培训以及经理人的领导力培训四大模块。其中专业技术培训正是与腾讯的业务通道设置同步的，涵盖了腾讯的主要业务领域。

2011 年起，腾讯学院开始面向合资公司、各类合作伙伴以及高校，提供人才发展方面的协作和支持。这既是腾讯学院对腾讯对外开发战略的支持，也希望能为社会输送更多的经验甚至人才，尽到企业的社会责任。

培训体系构建

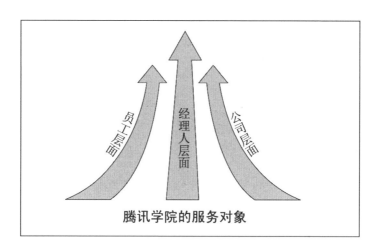

员工层面　经理人层面　公司层面

腾讯学院的服务对象

腾讯的员工非常年轻，而每年涌入的新人很多，平均年龄只有 28 岁。每年腾讯还会从大学校园招聘很多应届毕业生，要让这些新员工迅速融入公司文化，让他们尽快地从一个刚毕业的学生成为职业人，这给培训部门带来了很大的压力。

再者，跟很多互联网公司一样，腾讯强调开放、自由的企业文化，公司几乎没有什么事情是强制的，因此强制性的培训在腾讯几乎不存在。在这种情况下，要给员工提供最适合大家、最受大家欢迎的培训，对培训部门来说是一个很大的挑战。

培训体系的主要作用是，基于能力素质模型先建立培训课程的一个表（也称为学习地图），然后，无论是经理层还是员工，每半年结合公司的绩效考核排一次培训计划，大家根据这个去选课。建体系不难，难的是选到合适课程和建设好内化的课程，把课程体系丰富起来。

为构建公司的培训体系，腾讯学院把服务对象分为三个层面，即员工层面、经理人层面和公司层面。

根据这三个层面的区分，腾讯公司的整体培训体系见下图：

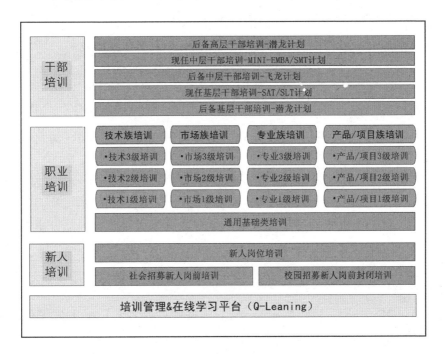

新员工培训。一类是对应届毕业生的培训，10 天封闭式的集中培训；另一类是对社会各行业新招员工的培训，在深圳总部和北京做 3 天的面授式培训，辅以 E-Learning 的做法。所有的新员工在进入公司后，配备一个老员工做他的导师，在入职后头 3 个月帮他了解和融入这个公司。

领导力培训。根据人才培养中的"二八原则"（80% 的投入用在 20% 的核心人才身上），腾讯制订了"飞龙计划"，专门针对储备干部、部门经理级别人群的领导力培训。腾讯提倡行动学习，主要特点包括：一、合适的选题，主要考虑和业务的关联性；二、灵活的组织，部门组织与跨部门学习相结合；三、高层的参与；四、助教的带动。对非管理序列人员，针对技术和开发人员，腾讯推出了攀登计划，针对产品经理制订了"大雁计划"。

E-Learning 系统等。除了知识管理的科研平台外，E-Learning系统课程的一小部分是购买的标准课程；腾讯还跟供应商合作，公司提供一些素材，由供应商帮助公司编成课程，公司再派自己的内部讲师去讲；马化腾会跟员工通过 E-Learning 系统做一些专业上的分享。

腾讯大讲堂。每星期二下午举行的腾讯大讲堂是内部分享机制，定期邀请内部员工讲述某一项产品的成功经验，产品中的一些体会以及公司产品研发的历史。每年约做 40 多次这样的活动，腾讯学院会把宣讲过程录制下来，做成课件放到 E-Learning 系统。

腾讯行动学习顺利推行的几个关键要素：

2 种类型	4 个要素
基于问题解决 基于人才发展	合适的选题 小组的结构 高层的参与 助教的催化

企业在进行员工培训时要注意以下几点：

1. 学习不仅仅是福利：很多跨国企业都有这样的教训——培训被认为是员工的权利、公司的义务，因而产生员工不珍惜培训机会的普遍现象；培训有战略／文化落地功能，要强化培训纪律；

2. 学习不仅仅是上课：人的能力成长遵循应知——应会——应做——做得多——做得好的轨迹，授课只能解决基本需求，既不能没有，也不可期望过高，而工作实践和辅导往往对员工成长起着更重要作用；

3. 学习不仅仅是 HR 的事：腾讯各级主管都是下属的教练，是下属培训发展的第一责任人；员工应主动学习，在公司职业发展体系中寻求与公司的共同成长；

4. 学习不仅仅是投入：培训是为未来投入；培训是使公司人力资本不断增值的最重要的方式之一，是提高人力资本的投资回报率的重要手段之一。

开放式平台

腾讯开放平台从 2010 年开始筹备，2011 年 6 月 15 日在北京正式宣布上线。为什么要做开放这件事？腾讯公司是 1998 年成立，至今大约已经有近 14 年的时间，腾讯积累了非常庞大的用户群。在很长时间里，都是腾讯自己做产品提供给用户。然而当用户量达到数亿人后，随着用户年龄的增长，用户需求的多元化逐渐凸显。虽然现在腾讯有 2.5 万名员工，开发出上百种产品，但凭借腾讯自身的力量已经越来越难以满足海量用户日新月异的个性需求。如果说，腾讯过去的梦想是希望建立一个一站式的在线生活平台，今天想把这个梦想往前推进一步，就是一起打造一个没有疆界，开放共享的互联网新生态。

《2012 中国互联网开放平台白皮书》中有着这样的调查结果，2011 年 11 月起至 2012 年 3 月 6 日，腾讯开放平台应用安装量开始以 200% 的速度增长，目前应用总安装 38 亿人次，日均安装超 1000 万人次，应用渗透率 30%。其中游戏类应用安装量占比达 71%，游戏是腾讯开放平台应用中心最受欢迎的应用类型。

腾讯开放平台相关负责人表示，截至 2012 年 3 月，腾讯开放平台上的注册开发者超过 30 万人次，日活跃用户超过百万的应用近 50 款，数款应用日活跃用户量超过千万；第三方月活跃用户数突破 2 亿人次；多家开发商月收入分成超过 1000 万元人民币；所有应用总安装次数超过 30 亿次。

2012 年 3 月 16 日，腾讯在北京举办"腾讯开放平台新春年会"，马化腾在《互联网开放平台白皮书》中致信开发者，称腾讯将继续坚定地贯彻"开放共赢战略"：

> 2010 年 12 月，腾讯宣布进行全面战略转型，开放是重要目标。2011 年 6 月 15 日，腾讯正式公布"开放战略"，并且提出未来给合作伙伴的分成收入将达到 200 亿元，它意味着要在腾讯之外"再造一个腾讯"。
>
> 这个目标的实现，不仅依靠腾讯人的努力，也离不开众多合作伙伴的鼎力支持。今天看来，腾讯开放平台已经交出一份优秀的成绩单。一方面，腾讯的系列开放政策极大地激发出开发者的创业热情，截至目前，腾讯开放平台上的注册开发者已经突破 30 万；另一方面，开发者的创造力也得到相应的回报，多家开发商月收入分成超过 1000 万元人民币。然而，这仅仅只是个开始，开放时代必将成为一个创造无数奇迹的时代。而腾讯，则将继续坚定地贯彻"开放共赢战略"，给予合作伙伴最大的支持和最真诚的服务。2012 年，腾讯希望能与大家共同携手，引领全行业创造一个良性健康、开放共享的互联网新生态。

　　一年的摸索，我们也发现，一些中小创业团队正在成为腾讯开放平台的新生力量，尽管他们的梦想之路才刚刚起航，但他们的激情和热忱令人感动。我们能够给予的，不仅仅是尊重，还有无条件地扶持。腾讯愿意与他们共同分享13年来的互联网运营经验，因为只有合作伙伴的成功，才是腾讯真正的成功。

　　可以这样理解，在开放平台上，腾讯的角色应该是平台的建设者、经验的传播者以及产业的扶持者。2011年，一大批开发者在腾讯开放平台上成就了创业梦想，他们的成功积淀出非常宝贵的经验。今天，我们为众多合作伙伴奉上这本白皮书，就是希望将这些成功经验和宝贵数据与更多开发者分享，让大家可以在追寻创业梦想的道路上能够少走弯路。

　　最后，我想强调的是，互联网的魅力在于，永远充满了可能性，永远没有后来者。机会就在眼前，只要你有足够的创意，有足够感知市场的能力。希望腾讯的开放平台，能够成为大家撬动成功的支点！

　　马化腾表示，腾讯的开放平台是非常成功的，在移动互联网时代，未来一定会形成健康的产业链。只有坚持开放基础架构，开放核心内容，与所有开发商一起成长，才能实现移动互联网的真正井喷。显然，这将是腾讯未来最为重要的战略要地。

"双打"接班人培养

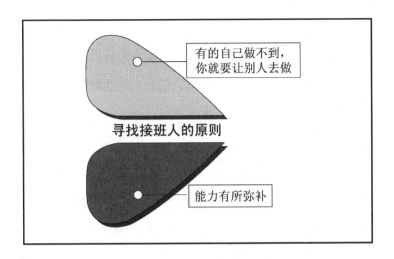

和所有的迅速成长的公司一样，即使创业团队有多么惊人的学习能力，在公司更为快速的多元化发展面前，总是有一些能力上的短板会显露出来。显然，包括马化腾在内的创始人团队都清楚地认识到这一点，并迅速地做出选择。自2005年开始，马化腾便和其他4个创始人约定，一定要各自为自己寻找接班人。

马化腾表示：

第一，有的能力你自己做不到，你就要让别人去做。

第二，能力有所弥补。职业经理人缺乏创业者某些特质的时候，还可以发挥你的影响力和经验，两者互相弥补，这样从单打变双打，很多岗位都是如此。

将马化腾的创新精神和战略眼光体现得淋漓尽致的就是马化腾的接班人制度。

2005 年，年仅 34 岁的马化腾，就开始为自己寻找"接班人"了。更早的时候，是在 2002 年 9 月，在第三届西湖论剑的论坛上，马化腾就曾向外界表示过要寻找接班人：

> 我希望 5 年以后可以很轻松等分红，而且数额也比较大，要求 3 个月内就可以找到一个能顶替你的一个人，一个公司离不开你，你一定要找一个能接你班的人，能在未来 5 年，有职业经理人来接你的班。

马化腾表示：

> 高管也好，中层也好，他们的成功标准就是能不能在你离开腾讯后，你负责的业务没受影响，或者你在下面的人里找到了几个非常好的强手。
>
> 我们的责任是更多地支持接班人去做，更多地在跨部门之间协调，更多的决策、具体的事情都是交给他们去做。

马化腾指出，因为个人再努力，很多的专业管理知识还是跟不上。"对用户需求的把握、技术层面我们都可以做好，但管理上不可能做得完美。我们每个人都在找接班人，都在进行双打的配合，包括我本人，都是双打的匹配。毕竟公司的'老人'身上有职业经理人没有的优点，放弃是很浪费的。"

各方面的专业人才源源不断地进入腾讯。马化腾说是为自己"减压"回归自己本位。更确切地说，是为了使自己更加专注地做一件事情：马化腾最擅长的是公司战略方向和产品规划。更为奇妙的是，腾讯的"接班人"不是"你上我下"式的换位，而是"双打"：新的职业经理人与创始人同时出现在管理岗位上。

马化腾强调：

> 我们每个人都在找接班人，都在进行双打的配合，包括我本人，都是双打的匹配。这是为了避免最后一旦全部撤退，对公司影响太大。

2006年2月，有麦肯锡和高盛背景的空降兵刘炽平从马化腾手中接过总裁的位置。"总裁就是作为CEO的继承人，我们是这样培养的。"刘炽平早在2003年扶助腾讯上市的时候就跟马化腾相熟，对腾讯情况"十分了解"。直至2005年初马化腾把刘炽平引入腾讯做首席战略投资官，观察了一整年，知其"懂的东西很细、问问题的技巧到位、得到多方认可"。之后，才给其总裁一职，并且还只主要负责市场和销售，可谓步步筹谋。马化腾一直放权给刘炽平。公司的日常管理都是刘炽平在负责。2007 年，刘炽平进入腾讯董事会，成为执行董事。马化腾与刘炽平、张志东与熊明华各自配对的"混合双打"由此形成。

从此，马化腾开始从日常管理中抽身而出。"我的时间、精力大量的是在看战略、产品和次序上。一些新的在成型中的产品，在一些关键点上，一个阶段你要多花时间把它理清楚。一旦理清楚了，其实你后面不需要花太多时间。"

马化腾说道："刘炽平先生对公司的日常管理和运营贡献良多，是我们管理团队中的重要成员之一。有了他和管理团队其他成员的协助，我可以用更多精力制定公司战略和规划新产品方向，让腾讯为用户提供更好的产品和服务，把握潜在的市场机遇。"

2012 年 5 月 24 日腾讯宣布将为独立运营的腾讯电商控股公司投入 10 亿美元，同时，腾讯还宣布，集团总裁刘炽平出任腾讯电商控股公司董事长。

链接1

腾讯学院院长实践分享：
互联网思维与培训

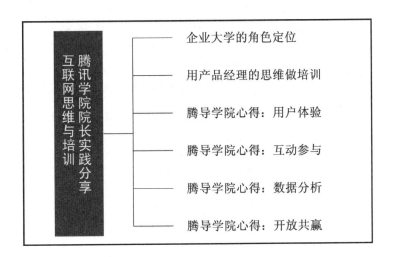

2014中国E-Learning行业大会上，腾讯学院院长马永武围绕用户体验、互动参与、数据分析、开放共赢四大关键词，为与会者带来了一堂丰富的学习实践课。

企业大学的角色定位

在我们看来,企业大学的角色定位应该是三个方面。

第一是"员工成长顾问",它最核心的功能是构建培养体系,根据公司人才盘点出核心人才,实施加速培养计划,以及怎样去整合公司的分享平台等。

第二是"业务发展伙伴",这里有两层含义。一层含义是,要能够针对业务的不同需求及时推出培训体系之外,或者培训计划之外的专项培养方案。另一层含义,就是后面要谈到的开放。腾讯公司开始了开放战略以后,腾讯学院也成立了另外一个品牌,叫腾讯大学,它专门针对腾讯员工之外的合作伙伴做培训,我们希望能够服务到各个产业链。

第三是"企业变革助手",包括如何让企业的战略落地,弘扬公司文化等。

腾讯学院的工作,都是围绕着这三个定位去开展的。

用产品经理的思维做培训

今天,我想拿腾讯学院过去7年里的一些实践案例,来分享在新的形势下做培训的心得。如今,互联网思维是很热门的词,使用微信的同事几乎每天在朋友圈里发表谁谁谁谈互联网思维,那么到底什么是互联网思维呢? 到现在也没有一个很权威的说法，其实也没有必要有个权威的说法。

马化腾曾经在2013年11月腾讯WE大会第一次提出他怎么看互联网的未来，并提出了通向互联网未来的七个路标，挺有意思的。

坦白地说，腾讯作为一个互联网公司，在腾讯学院，我们倒是很少刻意地去谈怎么样用互联网的思维去做培训。但是，我们有很多做法其实就是为了适应互联网企业里面的员工特色和用户特色，这些年来，我们也摸索出一些做法。总结成一句话，也是我今天分享的主题：用产品经理的思维做培训。

很多跟腾讯交流的朋友都在说，腾讯在互联网行业里面比较强的一个点是产品做得强。其实我们也经常在跟培训的团队交流，说怎样能让你变成一个产品经理，我们面向的学习对象就是我们的用户。我们做的无论是一门课程，还是一个培训解决方案，都是我们的产品。所以，你真的要像一个产品经理一样去关注用户的需求，去关注这个产品带给用户的体验，关注最终的效果，而且要有一个持续打造和不断优化、让培训方案成为精品的过程，这就是我所理解的用产品经理的思维来做培训。那具体怎么理解呢？

我也总结了这样的几个点，几个关键词：用户体验、互动参与、数据分析、开放共赢。这四条，其实是我们把这几年一些很好的实践经验认真地总结以后，得出的一些心得。

腾讯学院心得：用户体验

案例一：Q-Learning的首页改版

腾讯在2007年12月正式上线Q-Learning，这是我们跟一家供应商一起合作制作的一个系统。但这个系统到今天为止我们已经改了非常多，为什么改呢？举一个例子，Q-Learning的首页。我们最早的版本，也就是2007年第一版就只是展示功能。后来1.1版本还是展示功能，但是做了优化，把一些学员个人信息及学习要求放进去。2008年开始经过我们优化的更多的是在展示学习的内容了，在首页最核心的位置推荐一些热门的学习资料。后来的若干版本，首页整个的布局和结构都在变。

我们的项目团队一直在思考，到底Q-Learning首页应该怎么样布局，到底上Q-Learning的人关注什么样的话题？举一个小例子，刚开始，我把我们整个企业大学一些培训活动的介绍和培训活动的总结等等放在一个比较重要的位置，我的想法是能够让大家看到腾讯有这么多的学习资源，让大家能感受到腾讯爱学习和重视培训的氛围。后来通过热图会看到，这类培训动态、新闻的东西，点击的人很少。我们才发现：这样的东西只有做培训的人自己关心，真正的学员上去就是要看有什么样新的学习内容。因此，我们在最抓眼球的地方，一次又一次在更新改版学员最需要、最核心的东西，而且不同的阶段我们推不同的东西。现在很多项目组都来抢首页这个地方的位置，所以这就像做产品一样。

案例二: 精品课程, 沉淀优秀经验

我们总在说做E-Learning也好, 做培训也好, 内容为王。现在培训这行当, 有太多的概念、太多的新技术。在过去的几年内, 我参加过不少培训大会, 就发现每年都会谈一些新的理念、新的工具, 但是我认为, 这些新的工具都还是要有内容的承载, 好的内容才是用户最好的体验。

举例子来说, E-Learning里, 我们觉得学习内容、课程其实是最重要的。我们每个星期、每个月都在看Q-Learning上点击率Top10的课程。

最后我们发现, 精品课程这个话题往往是最受欢迎的。也就是说我们公司内部的一些优秀项目和业务的经验沉淀是大家更感兴趣的, 这种沉淀我们就把它拍成短视频。

在2008年腾讯学院曾经拍过张小龙团队开发一个产品的视频, 题目就是"打造七星级邮箱", 记录了他做QQ邮箱的成功经验。团队先写了脚本, 然后架着摄像机去采访张小龙和他的团队, 最后剪辑成一个20多分钟的小片子, 很受欢迎。我们推荐给全公司的人学习, 有好几千人学了这门课程。

在小龙团队做微信以后, 我们又去找小龙, 说再做一个类似

的课程，他们很支持。做这个课程的整个过程非常长，前前后后做了几个月，而且学院和小龙团队都希望将这个课件做成精品，所以不断地改脚本，仅拍摄就拍了两次，最后终于成片，叫"透过微信学创新"，上下集，挺受员工欢迎。

所以在做课程的过程中，选什么样的课，课程多长、用什么形式，我认为都要研究用户体验，根据用户真正喜欢的内容去设计。

案例三："直播课堂"服务全国各地分公司

用户体验第三个例子就是我们通过E-Learning在前年推出了一个直播课堂，现在我们可以做到全国各地的员工都能通过内网看到我们很多好的讲座。比如最近，在深圳我们请了《中国好声音》的总导演来谈他怎样打造中国好声音这个产品；在北京邀请了新东方创始人之一王强，谈成功的创业者精神。两地的讲座，全国的同事都能通过Q-Learning看直播。

现在我们也把一些可以开放的内容通过腾讯大学的直播平台，向一些合作伙伴开放。

腾讯学院心得：互动参与

案例四：移动学习，轻装上阵，辅助项目落地

前年我们跟一家合作伙伴供应商一起做了一个培训项目，

针对全公司部分管理干部，做了一个领导力提升的项目，目标用户有千余人。线下做了赶集场的培训，由大家针对自己工作中的问题展开讨论；特别值得一提的是，线上又开发了一个应用。可以用在PC端学习，同时在手机上也可以学，我们把这些用户在管理中经常碰到的问题开发了18个场景案例，通过APP将18个案例推送给大家学习，我们起名叫"蜘行"，寓意"知易行难"。这个项目运营了两个月的时间，每一周推出两个案例，可以持续学习9周。

这18个案例，每一个点开后都有一个场景，让你去学习，去做选择和后续讨论。每个案例还原了工作中真实的场景，有非常强的参与感和互动性。这就比单纯的上课效果好很多，这是我们互动参与的一个非常有意思的例子。

案例五：社招新员工培训——寻找腾讯达人

一个新员工入职以后，我们马上请他在参加新员工NEO培训之前先去找一个老员工，请老员工给他讲一个故事，然后把这个故事带回到新员工培训的课堂上来做分享。这个老员工最好不要找他的直接领导，可以去找他部门里老同事或者跨部门的人。还有很多人就在班车、食堂、茶水间里问别人"你是不是老员工，我是新员工，我想请你讲一个腾讯里的故事"。这挺有意思，新员工将老员工讲的故事沉淀下来，这比单纯的讲企业文化课程效果更好,能增强他们的互动参与感。

案例六:案例还原,增强实战

我们也曾把公司内做得很好的销售案例做成案例还原,编个小脚本,再请当事的销售回来演,拍一个10~15分钟的小视频,放在网上给其他新的销售员学习,挺有意思的。还有一个例子,这两年我们一直坚持做"创意马拉松",让大家利用周末的时间,自愿报名参加,把你想要做的一些产品,或者一些功能的想法提出来,大家分成若干个小组,初步去实现这些想法。这在公司内营造了一种创新氛围。活动结束时会邀请一些经理和专家来做评审,看他们的产品做得怎么样。

腾讯学院心得:数据分析

案例七:透过数字看运营

现在我们就谈数据分析了,刚才我们说到大数据,其实在培训里我们也用了蛮多的大数据。腾讯学院经常输出一些对腾讯统计的报表,我们叫多维报表。每个月团队也会输出和分析E-Learning系统的经营月报,比如每个月我们的在线人数跟上个月比怎么样,登录人数是多少,登录以后报名培训的和真正学习在线课的各是哪些,大家可以看连续起来每个月登录人数的曲线,分析到底这个月发生了什么事情,会让登录的人数活跃;另一个月又怎么会让登录的人数非常不活跃。

此外,除了每月看Top10的热门课程外,Q-Learning还有了搜索功能,每个月还可以看热门的搜索词,来判断员工的学习喜好。

腾讯学院心得:开放共赢

案例八:利用外部资源,服务外部客户

开放共赢想讲的是两点:第一点就是腾讯学院在过去的7年里,不是闭门造车。我们也引入了很多合作伙伴,一起来建设培训学习平台。另外,随着我们产品业务在做开放战略以后,腾讯学院也成立了腾讯大学,我们也更愿意跟腾讯的一些合作伙伴,和上下游的企业或者个人,在这个平台上相互学习、交流和分享。我们先是做了一些线下的培训,同时去年开始我们也做了一个外部在线的学习平台(daxue.qq.com)。

前期,我们针对在腾讯平台上放自己的开放应用的第三方开发者,提供不少的免费培训课程。最初我们在全国几个城市搞路演,针对愿意和腾讯合作的用户,还有一两天的培训课程。后来人多了,我们就把它变成了在线学习课程。此外,现在腾讯也有很多投资的合资公司,我们腾讯大学承担的另外一个责任,就是和这些公司做一些培训的交流和支持,希望能协助他们更好地发展,这其实是我们谈到的所谓开放共赢。

最后,我来总结一下这四个点。

第一,注重用户体验,打造极致精品。

刚才看到的E-Learning也好,线下培训也好,这种用户体验真的非常重要。所以我们说要把培训产品打造成用户体验最极致的精品。

第二,强调互动参与,追求最终效果。

腾讯员工都是非常年轻的,以20多岁的技术开发人员为主,思维非常活跃。所以,这种培训活动一定要互动、双向,这样,他们才会有积极参与的兴趣,这种参与才能达到你最终的培训效果,所以我们第二条叫做强调互动的参与,追求最终的效果。

第三,擅用数据分析,不断迭代优化。

在培训工作里我们一直非常强调大家要看数据,用培训的数据和效果来指导你不断迭代和优化我们的培训产品。我们分析的数据是大家的参与度、大家对它的喜欢度,可以根据这些数据来判断你对培训效果和培训方向的把握是否准确。我们看数据分析,不仅仅看培训效果的数据,更看重的是用户的喜好、参与度的数据。

第四,保持开放心态,营造产业共赢。

其实做培训也需要开放,一个方面是开放吸引外部的资源,另外一个方面我们把自己的资源也进行开放。配合培训业务的开放战略,能够营造产业共赢的最终局面。

这就是我今天想分享的四个关键词，坦白说，这些也都是我们这几年自己的实践心得和总结。毕竟腾讯学院成立的时间还不够长，还有很多做得不足的地方，我们也很愿意在这样一个分享平台跟大家谈谈我们的做法和思考，也想更多地得到大家的反馈和指教，希望让我们腾讯、腾讯学院和腾讯大学的工作能够做得更好。谢谢大家。

（本文摘编自《中国远程教育》）

链接2

腾讯Q-Learning在分享中共同成长

针对互联网行业的发展特点和公司的实际需求,腾讯于2007年5月正式启动E-Learning项目,并根据腾讯公司的特色,将E-Learning的名称进行中西合璧的个性化改变,改称Q-Learning,可以理解为"求学"。

以企业文化和培训架构为依托

具有多年培训工作经验的腾讯学院院长马永武认为,一个好的企业培训一定是建立和依托在好的企业文化之中,Q-Learning亦是如此。作为互联网行业中的佼佼者,腾讯公司一直非常重视企业文化的建设和人才的培养。对腾讯来说,业务和资金都不是最重要的,业务可以拓展,可以更换,资金可以吸收,可以调整,而人才却是最不可轻易替代的,是企业最宝贵的财富。因此,腾讯视员工为企业的第一财富,重视员工的兴趣和专长,以良好的工作条件、完善的员工培训计划、职业生涯通道设计促进员工个人职业发展。在企业文化方面,腾讯人强调以做人之道引领做事之道,坚持"正直,尽责,合作,创新"的价值观,坚持"关心员工成长、强化执行能力、追求高效和谐、平衡激励约束"的管理理念,以健康简单的人际关系、严肃活泼的工作气氛、畅快透明的沟通方式,使员工保持与企业同步成长的快乐,不断地激发员工潜能,追求个人与公司共同成长。

腾讯Q-Learning顺利实施的另一重要依托便是腾讯学院独特的培训架构——"培训发展大厦"。大厦的"基石"是腾讯愿景和战略目标;大厦的"台阶"是运营层面的职能平台,包括课程体系、讲师管理、导师制度以及电子化学习平台等;在此基础上的第三根支柱是培训的内容,按照培训对象的不同,公司的培训工作、人才发展工作被分成三个类别:一是针对公司新员工的培训,二是与所有员工专业化和职业通道相关的培训,最后是腾讯管理干部领导力的培训。这三个方面的培训成为学院人才发展的三大支柱内容,大厦的屋顶便是由这三大支柱所支撑的腾讯战略和业务发展。Q-Learning在整个培训体系中则处于基础平台位置。

别致的设计思路

在Q-Learning项目设计之初,腾讯希望通过这个平台,实现在现有培训投入基础上的"放大、穿透、继承、节省"效应,为员工提供3A式学习支持,营造学习型组织。

马永武详细介绍说:"放大"是考虑到面授培训一次投资数万元,只能让20~30人受益,通过转化到Q-Learning平台,可以有效放大培训的效果,让全公司所有有需求的员工获益。这一点对于外地员工以及很多有很强学习愿望的员工尤为重要。"穿透"意味着Q-Learning不仅仅用于培训,还可以通过平台上的在线考试等功能,确保某些重要内容被员工真正阅读、了解和完成,比如公司"高压线"行为准则,或片区项目经理的业务知识考试等等。"继承"是指通过各类培训、论坛活动等内容在平台上的不断积累以及持续的内容管理,可以形成腾讯自己的知识体系。这些内容在平台的支撑下可以灵活管理设置,帮助新员工快速找到与自己岗位相关的知识积累、自己能力发展通道上需要了解的课程内容等,从而把相关的知识经验变成"带不走"的腾讯无形资产。"节省"是指,Q-Learning不但可以节约培训成本,更可以节省大量的时间成本。通过线下培训和在线课程的有机结合,可以先让员工通过在线进行基本概念和基础知识的学习,从而缩短集中线下培训的时间,节约培训老师的课酬以及学员宝贵的工作时间。

鉴于以上设计思路,腾讯将Q-Learning的功能定位分阶段推进,并逐步提高。第一阶段的主要功能是培训运行电子化和在线学习,主要包含如下六个方面:

在线学习——将课程推送到学员的桌面上,实现3A式学习;

培训档案——为员工建立培训档案；

课程体系——将课程体系更好地展现给员工，便于员工自己安排学习计划；

PDI选课——方便员工了解公司开课计划，并根据自身情况选择合适的课程；

培训流程——将培训运营流程迁移到线上，解放培训管理员的人力，提升专业度；

资料中心——通过LMS，建设腾讯资料库，有效放大培训效果。

在推广过程中不断改进

腾讯Q-Learning于2007年12月正式上线，马永武介绍说，Q-Learning在腾讯的推广工作是从"软"和"硬"两个方面进行的。

"软"的方面是充分利用公司的海报、折页、论坛、邮件、OA等途径进行宣传，上线前夜将各种宣传途径全部用上，并利用圣诞节的机会推出，圣诞当天整个公司的各个角落都会看到Q-Learning的宣传内容，各种宣传手段波浪式地进行。除宣传外，还事先引进了员工需求度较高的课程。因此，系统推出当天最高同时在线人数达到1863人，也就是说整个公司有一半以上的人在系统里浏览。"硬"的方面是指公司每年要做两个个人发展计划（PDI），选课是PDI的一个重要环节，2008年的PDI选课工作规定要通过系统进行，每个员工必须登录到系统里面来选择课程。

自Q-Learning实施以来，平台上已有102门网络课程，165个培训班，累计有3480人次在Q-Learning系统上进行学习活动；参与率约为65%，其中点击课程的员工里，有超过50%的人自觉完成了网络课程。截至目前，Q-Learning每天同时在线人数都会突破200人。

Q-Learning的推广受到了公司高层领导、中层主管和普通员工的积极支持，员工们的学习热情普遍很高。但马永武也很坦诚地表示，Q-Learning在推广过程中也发现一些问题。

其一，课程内容不够丰富，课程质量和适用性还有待提高。对此，腾讯在各个业务部门配备了兼职的系统培训管理员，负责在Q-Learning课程实施之前了解培训需求，实施过程中进行有效沟通和及时反馈。另外，为配合企业的发展战略，培训部门还会主动分析和研究业务部门的潜在培训需求，并依托Q-Learning为其提供培训支持和便利。

其二，Q-Learning实施过程中，遇到比较大的困难便是系统的易用性不足，虽然腾讯对原系统的UI、操作逻辑进行了大量的修改，但只是"治标"，尚不能满足公司的要求。"由于对系统底层的逻辑结构不太清楚，很多的开发任务无法完成，提高系统的易用性仍是我们长期而艰巨的任务,Q-Learning会在推广过程中不断改进。"

分享知识与改善培训管理流程

马永武认为:"一个实施良好的E-Learning,应该不是简简单单的一个在线学习方式和堆积课件的平台,而应该借助这个系统能够彻底优化和改善培训管理的流程,并且更重要的是能够帮助企业营造知识分享、知识管理的体系,在企业内部建立学习型组织。"鉴于此,腾讯Q-Learning第一阶段的目标是在线学习和培训运营;第二阶段的目标便是优化和改善培训管理流程。加强知识的管理和分享,由腾讯学院搭建平台,鼓励员工自主分享知识,从而助力公司打造学习型组织的目标。

腾讯目前使用双通道(管理通道和专业通道)的职业发展路线,每个员工都会属于某一个发展通道,并且知道自己在该通道里面的级别(职级)。而每个发展通道的每个职级都有相对应的素质模型,每个素质模型又会对应相应的课程,通道、职级、素质模型和课程形成一个体系,每个员工都会在这个体系中找到自己的位置,也会清晰了解自己的发展方向,知道自己应该提升哪些能力,知道哪些课程可以帮助他提升这些能力,从而推动自己的职业发展。

员工可以借助Q-Learning平台规划"个人学习地图",并参照"公司学习地图",确定自身的发展方向和目标。"个人学习地图"是指将个人的通道、职级、素质模型、课程做好匹配关系,员工只要进入系统就清楚地知道自己该学习什么课程。

"公司学习地图"是个人学习地图的升级版,员工如果想了解整个公司的通道、职级、素质模型和课程的匹配关系,可以通过公司学习地图进行查询,这样员工如果想往某一个方向发展的话,就会清楚地知道该通道/职级所需要的能力,知道有哪些培训可以帮助其实现目标。在这一过程中,Q-Learning大大优化和改善了培训管理的流程。

对于加强知识分享,腾讯Q-Learning还进行了许多卓有成效的探索。马永武兴奋地举例说,前不久实施的"腾讯大讲堂"网络课程受到员工的普遍欢迎,"大讲堂"主要是由腾讯内部专业人员介绍和讲解某些产品和技术,再以课件的形式上传到Q-Learning平台,加速知识的快速分享和传播。另外,腾讯还会在Q-Learning上搭建知识结构性管理平台、业务系统频道等内容,鼓励和激发员工自主开发课件、分享成功经验等等,营造学习型组织氛围。

🐾 链接3

袁岳：企业培养新人才的技巧

企业培养新人才的技巧
早期介入 / 重视主动人才 / 任务中出人才 / 沟通中出人才 / 赋予话语权收获人才

早期介入

主要是企业提供更多的实习机会、见习机会给大学生，在那些已经实习过的学生中选择对本企业岗位有兴趣的学生，或者企业前置进入校园教育、职业训练项目中，从而提供双方互动了解的机会，在中间找到对于自己有兴趣的人才。简单地选择可用人才的校园招聘模式效用不高。

重视主动人才

对于在各种场合有主动精神、愿意担当、有问题积极沟通、有经验积极分享的人才给予更多的重视,这往往与这些学生有较好的社会实践经验、社会参与历练有关。很多人力资源人士已经发现,比较学校的正式学生干部与志愿社团组织者,后者更具有服务精神与主动性,前者与领导的沟通技巧更好一些。

任务中出人才

新人才往往在特定任务中表现出差异,在大胆压任务的时候应该容许人才们的能力与实际的任务要求之间有一定距离,适度赋予他们权力与资源,单位要准备为这样的差距买单,并用好导师与师傅机制减少这样的差距带来的损失。在持续压任务的过程中,一些人才能脱颖而出。

沟通中出人才

对于新一代人才他们的社会阅历、人情世故、职场技能等要使用充分、经常、趣味、丰富的方式加以训练与传授,对待任务分派要学会进行必要与足够的意义赋予,对待职场里面出现的状况要用非常频密充分的方式去沟通,比婆婆妈妈还婆婆妈妈地去沟通，而且还特别注意发现与鼓励新一代人才中善于沟通的人才，让他们能够起到影响、代言、带动新一代人才群体的伙伴作用。

赋予话语权收获人才

让新一代人才有机会在他们不熟悉或者初次面对的事情上有话语权，尝试性地思考、准备、规划与参与，让大家有更多的角色转变的压力与机会感，并且及时地肯定与鼓励来自新一代人才的哪怕微小的贡献，当同样的文化与要求用新一代人才自己的语言表达出来的时候，企业空间中会出现微妙的文化主体的扩展。

（摘自零点研究咨询集团董事长兼总裁袁岳新浪博客，有删节）

第四章

用人机制

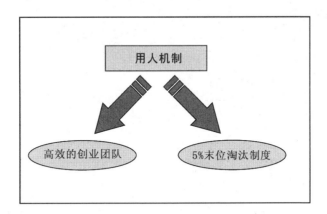

Tencent

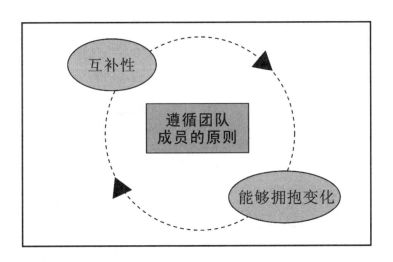

高效的创业团队

高效的团队是由一群有能力的成员所组成的，他们具备实现理想目标所必需的技术和能力，而且有相互之间能够良好合作的个性品质，从而出色地完成任务。一个高效的团队中的成员会清楚地知道自己能够从彼此那里得到什么，从而在专心实现目标时避免了团队合作所无法闪躲的干扰和成本。

微软创始人比尔·盖茨认为："团队合作是一家企业成功的保证，也是个人成功的前提。"团队合作精神是微软价值观的核心，也是盖茨高度重视的重要品质。微软的产品是电脑软件，专业性很强，需要知识积累和不断创新，并要求不能出错。在这种情况下，公司需要的文化并非一团和气的温暖，而是平等又充满争论的团队文化，在思想的交锋中产生创新的火花，在不同视角的争辩中创造最独特完美的产品，这是合作精神在微软产品项目小组中的体现。

盖茨甚至要求向他汇报工作的人以及所有项目小组都遵循"敢提不同意见"的原则。项目小组有名的"三足鼎立"结构也就这样建立起来：软件设计员、编程员、测试员。三种人员互相给彼此挑刺，刺挑得越多，最后的产品就越完善。

马化腾强调，团队成员应该有互补性，并且能够拥抱变化；腾讯在创业时就遵循这样的原则，现在仍然贯彻这一原则。

为了群策群力，集思广益，充分发挥团队合作中每个人的力量，马化腾甚至在创业之初就通过股权的设置，使得创业团队内部有合作也有制衡。腾讯的 5 人创业团队早年就是同学或同事，所以互相之间知根知底，马化腾根据各自特点分工来确定各自出资和占有股份的多少，马化腾虽然一股独大，但并不绝对控股，这导致腾讯的创始人团队从一开始就形成了民主决策的氛围，后来，当腾讯公司发展到数千人的规模时，这种民主决策的风格被保留了下来。

腾讯的 5 人创业团队中，有 4 个是高中同学，大学又是在一起读书，相互间的信任和默契不是一般的创业团队能比的。马化腾表示：

　　我们有这样的天然优势，最早也是创业团队一点点壮大，最开始是我和张志东两个人，一个月后加入一个，再一个月后又加入一个，最后是 5 个人，很快成为最开始的创业团队，那时候基本按这样的思路去做，包括股权分配也是根据个人能力和特长分配，这样会保持以后稳定一点。我也见过一个公司，一开始几个人全部平分，不管是面子还是其他原因，没有考虑未来的可持续发展，有些三个人各三分之一，往往是很危险的。

　　为避免彼此争夺权力，马化腾在创立腾讯之初就和 4 个伙伴将职责划分清楚：各展所长、各管一摊。马化腾是 CEO，张志东是 CTO，曾李青是 COO，许晨晔是 CIO，陈一丹是 CAO。

　　腾讯的创业团队也许是民企中合作时间最长的，直到 2005 年，这 5 个人的创始团队还基本保持阵形，不离不弃。

　　一位早期便加入腾讯的公司高管分别对这 5 个外界看起来非常低调神秘的创始人逐一评价："马化腾非常聪明又固执，注重用户体验，非常愿意从普通的用户去看产品；张志东是脑袋非常活跃，是对技术很沉迷的一个人（马化腾技术上也非常好，但是他的长处是能够把很多事情简单化，而张志东更多是把一个事情做得完美化）；曾李青是一个做市场很有霸气的人，我们经常开玩笑说他是创业团队里最纯粹的商人；许晨晔是一个非常随和又有自己观点，但不轻易表达的一个人，人很随和，是有名的'好好先生'；陈一丹本身是律师出身，非常严谨，同时又是一个非常张扬的人，他能在不同的时候激起大家激情的状态。"

腾讯刚创办的时候是 5 人决策小组，相应的组织结构是分 4 块，除马化腾外，其他 4 位创始人每人单独管一块：张志东管研发，研发分客户端和服务器；曾李青管市场和运营，主要和电信运营商合作，也出外找一些单子；陈一丹管行政，负责招人和内部审计；许晨晔管对外的一些职能部门，比如信息部、对外公关部都属于他的管理范畴，最开始的网站部也在他的管辖范围内。

每次腾讯面临一个重大决策时，都是从争吵开始，却不是以"一言堂"作为结束。就是马化腾的"从众"式妥协，把腾讯带入意想不到的成功轨道。例如，对于在网络游戏中销售用户的虚拟形象，马化腾乍听之下并不看好，提出一系列的质疑，"内部曾经激烈地争吵"。"QQ 秀"、QQ 会员的系列产品，现在贡献了腾讯 70% 的收入来源。

马化腾说道：

> 决策矛盾是经常可能遇到的，但处理起来并不算困难。如果一个建议未进行可行性论证，我会要求大家拿

出具体的论证与执行方案，实际上，落实到行动方案的时候，问题和机会都会非常明了，也更便于我们做出合理的决策。QQ秀最初立案时就遇到过很多质疑，包括我本人也持怀疑态度，因为在那个时候，虚拟形象还没有商业化的先例；但把最终方案拿出来一看，大家都有信心了。

2007年，腾讯5个联合创始人之一曾李青辞去腾讯COO一职，成为"终身荣誉顾问"。

2013年3月20日，腾讯5个联合创始人之一的陈一丹卸任首席行政官（CAO），担任公司"终身荣誉顾问"。

2014年3月19日，腾讯5个联合创始人之一的张志东正式宣布离职还宣布不再担任执行董事，并将于6个月后卸任首席技术官，转而以公司终身荣誉顾问、腾讯学院荣誉院长和专职讲师的身份出现。

5%末位淘汰制度

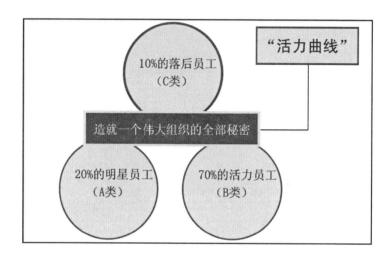

"末位淘汰"是一个"舶来品"。它源自美国,如 GE、惠普都推行了末位淘汰制。20 世纪 90 年代"末位淘汰"开始进入中国,作为一种绩效考评方法,在我国已被越来越多的行业和企业采用。比如,联想集团曾宣布,每半年将"末位淘汰"其 5%的员工;华为与其国内最强劲的对手中兴通讯也都在推行末位淘汰制度,使每年能保持 5%左右的自然淘汰率,以保持整个组织的活力。可见,以人为本,并不是企业要对员工处处留情。恰恰相反,保持适当的竞争可以确保能者有其位。根据对中国企业人力资源经理的抽样调查显示,32%的企业已经实行了末位淘汰制,44%

的企业"准备在合适的时候启动"。

对"末位淘汰"最经典的解释是 GE 前 CEO 杰克·韦尔奇所推崇的"活力曲线"（VitalityCurve）。在 GE 每年各级经理要将自己部门的员工进行严格的评估和区分，从而产生 20% 的明星员工（A 类）、70% 的活力员工（B 类）以及 10% 的落后员工（C 类），"通常表现最差的员工都必须走人"。就是这样一年又一年的区分与淘汰提升了整个组织的层次，这也就是韦尔奇所称的"造就一个伟大组织的全部秘密"。华为总裁任正非很认同韦尔奇的"活力曲线"，他说："有人问，末位淘汰制实行到什么时候为止？借用 GE 的一句话来说，末位淘汰是永不停止的，只有淘汰不优秀的员工，才能把整个组织激活。GE 活了 100 多年的长寿秘诀就是'活力曲线'，活力曲线其实就是一条强制淘汰曲线，用韦尔奇的话讲，活力曲线能够使一个大公司时刻保持着小公司的活力。GE 活到今天得益于这个方法。我们公司在这个问题上也不是一个三五年的短期行为，但我们也不会急于草草率率对人评价不负责任，这个事要耐着性子做。"

"末位淘汰"也是身处深圳的华为为外界所熟知的。因此，有人觉得腾讯的管理做法是在学习华为。马化腾说道：

　　　　没有这样的说法，尽管我们不少员工是来自中兴、华为，但公司好多地方都和传统产业不一样，也学不了华为。无论是无线、电子商务、游戏、搜索都有各自的行业规律与产业链，对无线增值部门，我们更应该按SP 的模式管理运作，游戏公司有游戏公司的做法，磨合这个问题比较复杂。

事实上，实行末位淘汰走掉一些落后的员工确实是有利于保护优秀的员工，激活整个组织。

除了"末位淘汰"这种人才流动的方式之外，腾讯很早就建立了"内部人才市场体系"，员工只需要在原部门工作满 3 个月就可以申请调部门。2011 年，通过"内部人才市场体系"完成调动的员工有数百人，均属自愿提出申请。腾讯公司的员工流动率一直保持在 10% 左右，远低于互联网行业的 20% ～ 30%。

专题

华为的末位淘汰制

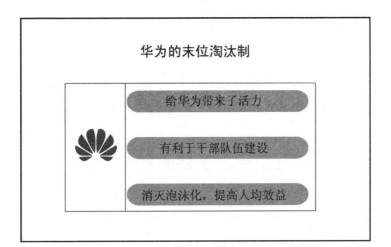

华为总裁任正非曾在一次内部讲话中指示:"每年华为要保持5%的自然淘汰率。"这在华为内部被称为"末位淘汰制"。

"末位淘汰制"与"裁员"有着本质区别,前者是为了激励员工,使他们觉醒,不要落后于时代,后者主要是企业为了摆脱包袱,迫不得已而采取的手段。前者过滤的是一些无法接受挑战,或不愿做出改变的人,后者很多时候是一刀切。

给华为带来活力

在华为，实施末位淘汰与其要求员工要保持强烈的危机意识，目的是一致的。"华为的危机以及萎缩、破产是一定会来到的"，任正非在他那篇著名的《华为的冬天》中如是说。而当觉察到这种萎缩就要到来时，保持每年5%的自然淘汰率比进行裁员更有利于华为的人员管理。

任正非认为通过淘汰5%的落后分子能促进全体员工努力前进，让员工更有危机感，更有紧迫意识。员工为了不被淘汰，就必须不断地提高自己、调整自己，以适应公司的要求和发展形势，而这种能上能下、有进有出的竞争机制也给华为带来了活力。任正非在其文章《能工巧匠是我们企业的宝贵财富》中写道：

"由于市场和产品已经发生了结构上的大改变，现在有一些人员已经不能适应这种改变了，我们要把一些人裁掉，换一批人。因此每一个员工都要调整自己，尽快适应公司的发展，使自己跟上公司的步伐，不被淘汰。只要你是一个很勤劳、认真负责的员工，我们都会想办法帮你调整工作岗位，不让你被辞退，我们还在尽可能的情况下保护你。但是我们认为这种保护的能力已经越来越弱了，虽然从华为公司总的形势来看还是好的，但入关的钟声已经敲响，再把公司当成天堂，我们根本就不可能活下去。因为没有人来保证我们在市场上是常胜将军。"

对于被排在末位的员工，对于不能吃苦受累的员工，任正非的态度非常坚决：裁掉走人。在2002年的《迎接挑战，苦练内功，迎接春天的到来》一文中，任正非写道：

"排在后面的还是要请他走的。在上海办事处时，上海的用户服务主任跟我说，他们的人多为独生子女，挺娇气的。我说独生子女回去找你妈妈去，我们送你上火车，再给你买张火车票，回去找你妈去，我不是你爹也不是你妈。各位，只要你怕苦怕累，就裁掉你，就走人。"

有利于干部队伍建设

对于"老资格"的干部，华为同样实施严格的淘汰制度，华为总裁任正非说：

"我们非常多的高级干部都在说空话，说话都不落到实处，'上有好者，下必甚焉'，因此产生了更大一批说大话、空话的干部。现在我们就开始考核这些说大话、空话的干部，实践这把尺子，一定能让他们扎扎实实干下去，我相信我们的淘汰机制一定能建立起来。"

在任正非看来，末位淘汰制度有利于干部队伍建设，可以让员工更有效地监督领导干部，使领导干部有压力，更好地运用权力，使清廉而有能力的干部得到应有的晋升。华为实行干部末位淘汰制，其目的也是在干部中引进竞争的机制，增强干部的危机意识。

作为一个庞大的集团，华为要想使其始终保持高速运转的形势，就必须构建一支优秀的管理队伍。因此，在华为，不管员工以前做过多么大的贡献，都不会享受干部终身制，而是坚持干部末位淘汰制度，建立良性的新陈代谢机制，不间断地引进一批批优秀员工，形成源源不断的干部后备资源；开放中高层岗位，引进具有国际化运作经验的高级人才，加快干部队伍国际化进程。

消灭泡沫化，提高人均效益

虽然有些人认为华为的末位淘汰机制过于残酷，使员工缺乏安全感，也不符合人性化的管理思想。但任正非认为，实行末位淘汰还是有好处的，是利大于弊的。任正非在华为例会上说道：

"事实上我们公司也存在泡沫化，如果当年我们不去跟随泡沫当时就会死掉，跟随了泡沫未来可能也会死掉。我们消灭泡沫化的措施是什么？就是提高人均效益。

"队伍不能闲下来，一闲下来就会生锈，就像不能打仗时才去建设队伍一样。不能因为现在合同少了，大家就坐在那里等合同，要用创造性的思维方式来加快发展。军队的方式是一日生活制度、一日养成教育，就是要通过平时的训练养成打仗的时候服从命令的习惯和纪律。如何在市场低潮期间培育出一支强劲的队伍来，这是市场系统一个很大的命题。要强化绩效考核管理，实行末位淘汰，裁掉后进员工，激活整个队伍。

"实行末位淘汰走掉一些落后的员工也是有利于保护优秀的员工，我们要激活整个组织。大家都说美国的将军很年轻，其实了解了西点军校的军官培训体系和军衔的晋升制度就会知道，通往将军之路，就是艰难困苦之路，西点军校就是坚定不移地贯彻末位淘汰的制度。"

一位已经离职的员工表示，"末位淘汰制"受到相当多员工的诟病，为了达到5%的末位淘汰硬性指标，华为公司内部一些部门的确有可能利用公司规则漏洞淘汰一些根基不深的新员工。

但一位在华为工作了6年的老员工刘先生（化名）表示，虽然他离开华为已经5年了，但对末位淘汰制依然持肯定态度。刘先生说，裁掉的人一般有两种：一种是无法接受华为的企业文化，没法适应快节奏、高压力、常加班；另一种是在华为待的时间长了，工作的能力和积极性下降，工作效率达不到要求。

需要注意的是，末位淘汰制有多种形式。如果末位淘汰的结果是将处于末位的劳动者调离开某一职位，换一个岗位后工作，或者对处于末位的劳动者进行培训后再工作，这样形式的末位淘汰制度就不违反我国的劳动法律。如果根据考核排名的结果直接把处于末位的员工从岗位上辞退，则是违反劳动法的。

事实上，华为那些被淘汰下来的员工并不完全是被解雇，有一部分可以进入再培训，或选择"内部创业"。《华为公司基本法》这样规定："利用内部劳动力市场的竞争与淘汰机制，建立例行的员工解聘和辞退程序。"除此之外，《华为公司基本法》还规定："公司在经济不景气时期……启用自动降薪制度，避免过度裁员与人才流失，确保公司渡过难关。"

可以看出，华为虽然一直在执行末位淘汰，但其原则正如任正非所言，目的在于提高人均效益，打造一支善于冲锋陷阵、无往而不胜的"铁军"。

（本文摘编自《华为的人力资源管理（第3版）》，作者：文丽颜，张继辰）

·延伸阅读·

高效的微信团队

微信是腾讯继QQ之后，第二个杀手级产品，创造了一个梦幻般的开局，甚至直接对QQ构成威胁，以致宜搜CEO汪溪说，马化腾是在革自己的命，他推出微信跟QQ抢用户，可见移动互联网的重要性。微信以3亿用户规模，以及强大的黏性，将释放出巨大的能量。

受制于手机屏幕，移动互联网上的任何广告都会影响用户体验，这条路已经被证明走不通。而中国移动互联网已前行数载光阴，迄今尚未出现一款真正形成规模盈利的产品。

马化腾说，QQ用了两年多时间才盈利，当年差点卖掉，幸亏他忍住了。2004年腾讯上市，本可选择纳斯达克卖更好的价钱，不过慎重考虑后，还是选择了香港，因为他觉得，这里更接近投资者，而投资者也是他们的用户，更了解腾讯。

微信是第一个完全基于移动互联网开发的产品。在微信的开发和运营中，腾讯也在不断地试错和学习。腾讯内部，微信是作为一个面向未来的种子业务存在，而且作为中国最大互联网公司的腾讯,具有极强的营收规模和盈利能力。依靠游戏来实现"变现",也符合主流盈利模式。中国智能手机普及的加速、3G网络的升级,以及一些精品游戏的出现,进一步驱动了整个手机游戏市场的迅速增长。

马化腾表示:"很多人说腾讯是最早拿到移动互联网门票的公司,指的就是微信,很多朋友都用了。微信的确是唯一一个在手机上开始做的,并且是以手机为主的,这在以前是不多见的。以前一般都是在传统互联网上做好,换掉屏幕,转到手机上,所以这个路径跟之前完全不一样。但为什么反而特别有魅力呢?因为这个产品让我们看到很多独特的体验。它充分利用手机和PC的区别,就是把人们用计算机的终端变成人随身的一个器官,以前用PC还不能称之为器官,离开电脑,站起来就脱离了,只有手机第一次跟着人体一起,连在一起,所以内置的摄像头、传感器、麦克风都可以成为人们在网络世界里面的眼、鼻、口、耳,甚至你的触觉跟颜色,都可以通过互联网把你的朋友连在一起。即使我们有手机QQ,但因为它有一半用户在PC上,一半用户在手机上,只有微信是完全基于手机来开发的。"

微信火了,如何充分利用QQ哺育微信,又保持QQ的独立性和特色,是"多子女大家庭"最头痛的问题,在这一关键问题上,马化腾又摆平了。

马化腾说:"没微信,腾讯可能就面临重大危机。"

在做微信时，马化腾和几个核心高层亲自上阵，打磨用户体验，在一家千亿级的公司，这样的危机感是宝贵的财富。

一位前腾讯员工曾透露：为什么微信不直接把你QQ联系人一键导进来？为什么微信的开机画面是一个人的背影，而不是两个人？为什么微信"摇一摇"功能的声音是来复枪上膛，而开启画面中心却是一朵花？为什么微信的"漂流瓶"一天只可以捞20次？为什么微信的语音不可以转发？为什么微信发文字功能要隐藏？为什么微信信息没有显示"对方已读"功能？这些问题依次对应交际圈与朋友圈、个人与群体、男人与女人、邂逅与骚扰、真实性与煽动性、文字与图片异质信息、发送人与接收人体验的平衡取舍。正是经过这样无数次的完善后，才有了今天微信的成功。正如马化腾所说："没有对人的认识，产品再精妙、先进，充其量也就是玻璃窗里供人叹赏的牙雕。"

2012年3月29日，微信的用户数突破一亿。让用户数从零增长到一亿，微信用了433天。2012年3月31日上午10点钟，特别活动准时上线。只要登录weixin.qq.com，用户就可以在屏幕上看到一个二维码。用自己的微信扫描这个二维码，用户就可以知道自己是第几个注册微信的人。对一名普通用户而言，整个活动的体验过程显得"有些神奇"，微信产品总监Lake将其形容为"隔空取物"。活动方案是微信团队成员们在凌晨三四点钟吃宵夜时想出来的，在凌晨讨论产品构想对这个团队而言并不稀奇。

此时距微信项目构想的提出还不到一年半的时间。2010年10月，一款名为Kik的App因上线15天就收获了100万用户而引起业内关注。Kik是一款基于手机通讯录实现免费短信聊天功能的应用软件。腾讯广州研发部总经理张小龙Allen注意到了Kik的快速崛起。一天晚上，他在看Kik类的软件时，产生了一个想法：移动互联网将来会有一个新的IM，而这种新的IM很可能会对QQ造成很大威胁。他想了一两个小时后，向腾讯CEO马化腾Pony写了封邮件，建议腾讯做这一块的东西。Pony很快回复了邮件表示对这个建议的认同。Allen随后向Pony建议由广州研发部来承担这个项目的开发。"反正是研究性的，没有人知道未来会怎么样，"Allen回忆说，"整个过程起点就是一两个小时，突然搭错了一个神经，写了这个邮件，就开始了。"

"我是腾讯最大的产品经理，任何一个产品我都会去看，要不然怎么能知道一个产品或者服务到底好用不好用，要不然怎么知道问题出在哪儿？"马化腾如此定位自己，"我们一直抱着诚惶诚恐的心态。"

马化腾能如数家珍地说出团购者的行为模式——比如在购买前的半路上才会下单。身处高层寒冷宫阙，马化腾没有丧失对终端用户的感知，而他为此付出的代价就是无数不眠之夜。

马化腾表示："坦白讲，微信这个产品出来，如果说不在腾讯，不是自己打自己的话，是在另外一个公司，我们可能现在根本就挡不住。回过头来看，生死关头其实就是一两个月，那时候我们几个核心的高管天天泡在上面，说这个怎么改，那个怎么改，在产品里调整。所以也再一次说明，互联网时代、移动互联网时代，一个企业看似好像牢不可破，其实都有大的危机，稍微把握不住这个趋势的话，就非常危险，之前积累的东西就可能灰飞烟灭了，一旦过了那个坎儿就势不可挡了，这是一个感受。"

据一位腾讯前员工讲，有一次他做了一个ppt，半夜2点钟发给了马化腾，本想洗洗睡了，没料到过了20多分钟，马化腾就发回了修改建议；另一个在腾讯员工中广为流传的段子是：一天早上来到公司，发现Pony（马化腾）凌晨4点半发的邮件，总裁10点回了邮件，副总裁10点半回，几个总经理12点回复了讨论结论，到下午3点，技术方案已经有了，晚上10点，产品经理发出了该项目的详细排期，总共用时18个小时。通过这些事例可以看出，如果没有对用户需求的深入洞悉，也就没有快速的产品完善反应。

· 延伸阅读 ·

谷歌独特的用人方式

谷歌最看重的是有野心的想法,在硅谷,这被称作"登月"。谷歌领导者经常会努力纠正员工的方向,让他们不再纠结于10%的提升,转而把目光放到10倍的改善上去——这就需要他们采取全新的模式,而不只是对现有内容进行优化。多数"10倍"项目都会失败,但这种概率完全可以接受。

谷歌遵循的第二种管理模式是"快速失败"。这样一来,人们就可以从失败中吸取教训,继续向前,甚至有可能借助一些挫折孕育新的成功。从这方面来看,"不断学习"胜过"博学多才",因为没有人能够预见未来。"迭代是整个战略中最重要的部分。"

第三则是在决策过程中重视数据,而非经验、直觉和等级制度。

谷歌模式的核心是向员工放权。所有公司的老板都在讨论这一问题,但这家搜索巨头却在真心落实这种模式。他们已经设计了一套系统,让员工的优秀创意可以真正得到落实。谷歌很多优秀的产品和功能（例如Gmail）都源于此。该公司还设计了一套政策，让员工将20%的工作时间用于开发业余项目。

　　这种文化高度重视员工的水平。谷歌执行董事长、前CEO埃里克·施密特（Eric Schmidt）和前高管乔纳森·罗森博格（Jonathan Rosenberg）建议企业效仿研究机构的做法，成立专门的招聘委员会来评估候选人，并决定是否发出录取通知。这有助于降低一线经理的偏见，并鼓励员工以团队方式来思考问题。这样一来，新招募的员工不仅会忠于自己的上司，还会忠于同事。与其他行业的多数公司不同，谷歌必须给予员工充分的自治权：如果员工感觉发展受阻，便有可能将创造力和野心用到其他地方。

（本文摘编自《谷歌独特管理方式：向员工放权》，
来源：新浪科技，2014.9）

第五章
留人机制

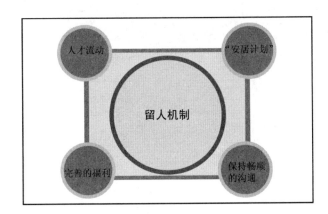

人才流动

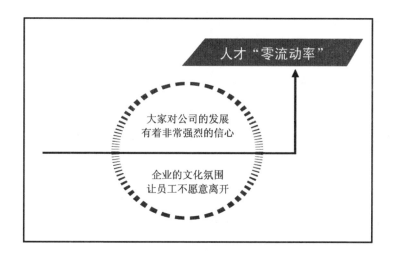

或许 IT 行业的更新换代，需要人才的高速流动，但是如果人员稳定性太低，对整个行业的健康发展来说，不一定是个有利的信号。据调查数据显示，高于八成的 IT 从业者都有跳槽的意愿，其中约五成感觉在发展上遭遇瓶颈，而另有四成则坦言对目前的薪酬水平不满。

"哪家企业人不'走'，哪家企业不'走'人？"长久以来，人才的大量流失（或称流动），一直是 IT 企业尤其是软件企业挥之不去的沉疴痼疾，严重影响和制约着整个产业的健康发展。人才流失的根源，可以归结为知识经济高速扩张导致专业人才奇缺所带来的资源分配问题，但它同时也是一个涉及时代变迁、社会进步、企业文化和管理能力以及人的素养追求等多种因素的社会性问题。

然而，和外界的快速人才流动现象相反的是，在 2005 年之前，腾讯的人才流动率几乎等于零。一方面说明大家对公司的发展有着非常强烈的信心；另一方面也确实因为企业的文化氛围让员工不愿意离开。在这样的氛围下，公司对于那些跟不上发展的人总是怀着尽可能去包容的心态，可企业毕竟不是福利院。随着人员规模急剧膨胀，人力资源体系要迅速做出反应，搭建一个更加规范的平台，对那些不能发挥作用的人员就必须进行适当的淘汰。

通用电气前 CEO 韦尔奇曾说过，对企业而言，每年人才流动不应超过 10%。以前腾讯以"零流失率"而自豪，现在则是主动追求合理的流动率，目前腾讯把年度人员流动率控制在 5% ~ 10% 的范围内。

在这个过程中，有一些公司创业时期的老员工，尽管他们过去为企业做出了很大的贡献，但对于未来企业的快速发展，他们并没有表现出什么作用和潜力，或者他们本身有一些想法，腾讯人力资源部会用合适的方法劝退他们，这是腾讯平衡激励约束，督促员工不断提升自我的方式。这样的做法并非不近人情，而是代表着腾讯企业文化上的一些新观点。

2012 年 5 月，腾讯开始企业内部重组。腾讯现有员工超过 2

万人，如此庞大的一个集团公司，管理和沟通上的问题颇为棘手。为了能够高效地管理运作，避免可能出现的"大企业病"，腾讯必然要转型重组。腾讯重组后，必然有人员结构的调整，这有可能导致一批人出走创业。

"安居计划"

员工的需求有很多层次，最基础的就是物质要求。幸运的是，互联网行业在快速发展，有很好的盈利能力，所以腾讯同样会为员工提供这样的保障。在腾讯的薪酬福利策略中，一直在尽自己的能力向行业顶尖公司看齐，将腾讯的薪酬竞争力定在很高的水平，确保做出一流贡献的员工可以拥有一流的回报。但是，在这个行业中，发展不错的企业，大家的薪酬回报也都类似。因此，员工需要关注在物质基础上面的其他内容，此时最需要的是企业能够真正用心。

腾讯高层在与员工的交流中发现，有一个员工关注的点很难绕开，就是住房的问题。很多年轻人在深圳（腾讯总部）发展得很好，但是他们并没有在这里长期发展的打算，主要因为高房价，让他们缺乏归属感。于是腾讯推出了"安居计划"，在公司能力范围内，帮助员工减少他们的不确定性，让大家先安居再乐业。

2011 年 6 月，员工平均年龄只有 27 岁的腾讯，宣布正式启动为期三年耗资 10 亿元的"安居计划"，为首次购房员工提供免息借款，最高可达 30 万元。基于各地的经济和房价水平差异，"安居计划"将免息借款金额上限分为 20 万元和 30 万元两档。其中，北京、上海、广州、深圳的员工可以申请最高 30 万元免息借款，其他城市则可以申请最高 20 万元免息借款。"安居计划"只用于购买首套住房，员工在公司工作期间只可享受一次安居计划购房免息借款，借款将分 6 年逐月从工资中扣除。同时，为确保能切实惠及尽可能多的腾讯基层员工，中层以上的管理干部和专家均不参与此次"安居计划"。工作满 3 年、符合条件的腾讯员工均可申请该计划。"员工只需出具购房合同，并提交由中国人民银行出具的个人信用查询报告，无需任何担保基本上就可以申请免息借款。"

保持畅顺沟通

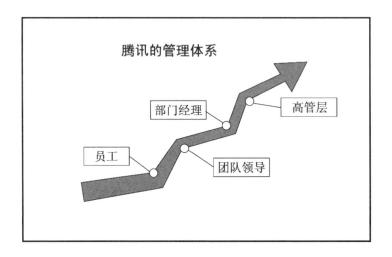

腾讯的管理体系是很扁平的，以前是三级，从员工到部门经理，然后就是高管层。随着人数的增多，增加了一个基层管理干部的岗位，也就是团队领导，由他们来直接带员工。在这样的结构中，团队领导和部门经理是最关键的岗位，由于他们很多在以前工作岗位上表现非常出色而被提拔上来，没有接受过系统全面的管理培训，所以腾讯会整合一些最优势的资源来对他们进行培养。由于层级不多，所以腾讯的内部沟通还是比较顺畅的。

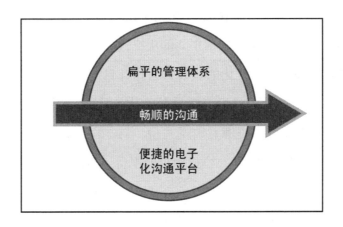

另外，腾讯内部有很便捷的电子化沟通平台，一即 RTX（腾讯通）——腾讯的企业版即时通讯产品；另外，公司内部的 BBS 利用率也极高。员工习惯于把各种问题在各个分论坛上抛出，总办成员或者公司某一领域的专家会进行答疑，从如何快速有效地解决用户申诉，到咖啡厅饮料味道不好等问题都有。为了让这个 BBS 更好地发挥作用，也专门建了一个平台，叫做总办交流平台。员工可以直接在上面发言：我想问马化腾一个问题。马化腾就会专门抽出时间来回答，而且其他人都能够看到。

除了这些沟通工具以外，要在公司变大之后保持沟通的顺畅，最重要的一点是各级管理者都有这种开放式的心态，愿意主动与员工沟通。腾讯的总办领导每周都可以抽出一个中午的时间跟普通员工一起吃饭，愿意参加的员工都可以报名，然后通过随机抽签来决定哪些员工会得到这个机会，腾讯称为"午餐交流日"。另外新员工培训的时候，总办领导也都尽量参加，跟大家进行一些对话和交流。在每年一度的 Tencent Party 上，腾讯的总办领导都会表演节目，和员工共同庆祝这一年的收获。

"我们特别依靠文化的建设，去弥补目前在管理和执行力上的不足。但是文化的建设光靠制度是没有用的，关键是老板怎样支持。"腾讯的人力资源总监奚丹说。有一次，腾讯召开了一次特殊的管理层扩大会议，模拟中央电视台《对话》节目，把总办的领导、员工代表以及一些老员工请上台，对腾讯的文化进行了深层次的探讨和阐释。事后，还把这档"腾讯文化版"的《对话》节目录像，并制作成 DVD 发给员工。

完善的福利

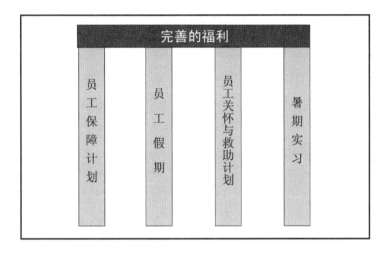

福利是员工的间接报酬，一般包括健康保险、带薪假期、过节礼物或退休金等形式。这些奖励作为企业成员福利的一部分，奖给职工个人或者员工小组。

福利必须被视为全部报酬的一部分，而总报酬是人力资源战略决策的重要方面之一。从管理层的角度看，福利可对以下若干战略目标做出贡献：协助吸引员工；协助保持员工；提高企业在员工和其他企业心目中的形象；提高员工对职务的满意度。与员工的收入不同，员工享受的福利都是税后的。相对于等量的现金支付，福利给员工的感觉更温暖亲切。

目前的趋势是福利在整个报酬体系中的比重越来越大。

2011 年 5 月，腾讯宣布将实施大范围福利措施，为全体员工办四件事：

1. 再加薪，让员工年收入有力增长；

2. 提高员工可支配收入；

3. 调整住房公积金缴存比；

4. 将在未来 3 年内投入 10 亿元，为符合条件的员工提供免息房贷。

于是，网上掀起一片"羡慕嫉妒恨"。

腾讯提高员工福利待遇，当然是直接有利于所有员工的，但最终结果将更有利于企业发展。

首先，可以将腾讯的做法理解为提供了一种效率工资。效率工资指的是企业支付给员工比市场保留工资高得多的工资，是促使员工努力工作的一种激励与薪酬制度。企业或其他组织支付给员工比市场平均水平高得多的工资，能够起到有效激励专业人员的作用，可以提高生产率与企业经营绩效。在这样的工资水平下，劳动力成本的相对收益其实是最高的。

腾讯这种以提高福利形式出现的员工激励方案，无疑将增强公司向心力，令核心员工更倾向于可以长期稳定地为公司服务，并吸引更多有才能的人加盟。这完全符合效率工资的逻辑。

若反过来理解，企业其实也是在告诉在职员工，如果出现偷懒、欺骗等败德行为，你将失去这个好岗位。于是这将有利于降低发生员工败德行为的概率，减少企业相应的监控成本。

其实，基于互联网行业人才的高流动性特征，出台各种令人艳羡的激励方案是该行业新兴优秀企业的通用做法。

腾讯完善的福利还包括：

1. 员工保障计划

腾讯为员工提供完善的保障计划，包括国家规定的养老保险、医疗保险、工伤保险、失业保险、生育保险及根据政府政策缴纳住房公积金。为更好地解除员工基本生活的后顾之忧，公司为员工投保了团体商业补充医疗保险，使员工在原有社会保险之外，还享有意外医疗保险、重大疾病保险、女性生育保障、团体定期寿险等。

2. 员工假期

法定假期方面，公司提供：年休假、带薪病假、双休日／法定公众假期、婚假、丧假、产假、陪产假、哺乳假等相关假期。工作满 1 年以上的员工，根据工作年限可享受 7 ～ 15 天的带薪年假。

3. 员工关怀与救助计划

腾讯为员工提供多种福利计划旨在为员工创建舒适的工作环境，并实现工作生活的平衡。这些福利计划包括：各种员工俱乐部、部门活动经费、年度旅游、免费班车／夜宵、婚育礼金以及入职周年纪念Q币、员工救助计划等。

4. 暑期实习

对于暑期实习生，若实习期间工作所在地与其家庭或学校所在地非同一城市，将享有公司提供的交通补贴和住宿补贴。同时，实习生还享有办公环境内的公共休闲娱乐设施，加班夜宵和班车等福利。腾讯还为实习生购买意外伤害商业保险。

链接1

腾讯出走员工创业日记

"腾讯号"俨然中国互联网领域里最大的平台渔船,在这张大"网"背后,腾讯的员工已经成为最有经验的水手。

在最初的几十人团队里,已经有超过三分之二的人离开"腾讯号"去创业,但他们之中大部分人的名字很少出现在互联网上。在离开腾讯的这张大"网"之后,他们是怎样来捕鱼的?

切入腾讯的盲点

从腾讯出走的创业人群里最有分量的曾李青告诉腾讯出身的创业者"要么做腾讯不屑于顾及的业务,要么投靠大公司"。

曾李青离开腾讯COO的位置后,无论是他投资的公司还是自己创办的公司,在常人眼里都是做偏门的生意。

他投资的一家叫做"太美"的旅行社是一家专门为富人定制全球奢华旅游服务的公司,而他创办的"拉特兰"也是一家通过互联网为富人定做高档服饰的公司。这些都是曾李青从他那些有私人游艇的朋友那里得到的启发。

腾讯昔日的"187号"员工陈应魁和"98号"王星一开始做的是用户入口整合的易野网。但两人后来意识到，如果腾讯做这个东西，用户群的拓展会很容易，单枪匹马的易野网很快会被挤掉。于是，陈、王二人立即转方向去做了相对"狭窄"的卖电影票的"卖座网"。他们不担心偌大的腾讯会来抢这样的饭碗。

而昔日的腾讯"18号"李华则在深圳经营一家创意影楼，远离IT圈，他的生活倒也很在状态。李华说："从腾讯出来再创业的人，有做旅游的、有做彩票的等等，几乎回避了跟腾讯直接冲突。"

水手变身渔夫

从水手的身份蜕变后，他们变成了渔夫，具备了敏锐的商业嗅觉。

从腾讯辞职后，汪海兵召集了两位同事一起做儿童网络社区。他们想到的方向是把儿童锁定为客户群，这是激战在红海领域的创业者尚未察觉的。

一开始汪海兵只是想抓一条"低龄儿童网络教育"的鱼，但摸着摸着就把3岁至14岁这个大群体的互联网市场摸出来了,而且摸到手了。

汪海兵还嗅到淘米网有别于其他网游的气息,他认为这种气息跟"迪斯尼"很像。

基于低龄化的用户,网游除了打怪升级、装备、PK这些游戏系统有吸引力以外,游戏人物和故事背景都是他们所追崇的。把游戏元素引入现实生活,给淘米带来了更大的"鱼"。

汪海兵的淘米网络仅用三年时间,就坐稳了国内儿童网络社区"老大"的位置。有网友戏谑说,国产网游绝对不用自卑!暴雪的"魔兽世界"算什么,淘米的客户就是它的4倍!

复制 + 微创新

外界对腾讯有个说法:"一直在复制。"腾讯系的创业者似乎继承了这个因子,他们善于找到复制的对象并加以"微创新"。腾讯07级的员工happybird虽然在腾讯待的时间不长,但他能知道什么互联网因子值得复制。当他看到大众点评网这样的网站迅速蹿红,立即想着在"点评"这个范畴做一个垂直领域。很快,他辞职后张罗了"装修派"。这是一家单单针对装修公司做的点评网站,但对用户却是真的实用。谈起浏览器工具条,很多用户把它等同于流氓软件。金光哲离开腾讯创业后研发考拉宝软件,考拉宝一改传统工具条简单的功能,提供截图、RSS订阅以及文章制作的功能。而最让用户称道的截图功能其实就是复制了QQ聊天工具里的小功能,把它放到使用频率更高的浏览器里,竟然也能自成一派。

(本文摘编自《腾讯出走员工创业日记:避锋而行微创新》,
来源:南方都市报,作者:贺力波,2010.8)

链接2

腾讯的薪酬管理

为了吸引、激励和保留优秀人才以帮助公司达成战略目标，腾讯在兼顾市场竞争力和内部公平性的基础上，为员工提供全面的、富有竞争力的报酬体系。固定工资、年终服务奖金、绩效奖金、专项奖励、股票期权、全薪病假、年休假、社会保险、商业保险、免费夜宵/班车、婚育礼金、年度健康体检，员工救助计划等。

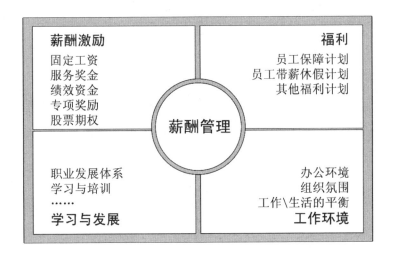

薪酬体系设计原则

市场：公司选取了外部标杆公司作为公司现金薪酬外部比对市场，以保证公司薪酬水平的外部竞争性；

岗位：薪酬体系同员工职业发展通道体系相结合，体现不同职位价值和级别对应的薪酬水平；

任职资格：员工固定工资体现员工职位性质与任职能力，同一职位的员工因为能力和经验的不同在固定工资上有一定的差异；

绩效：绩效奖金体现员工绩效和贡献，体现薪酬激励的绩效导向。

薪酬体系设计以四个维度为基础：

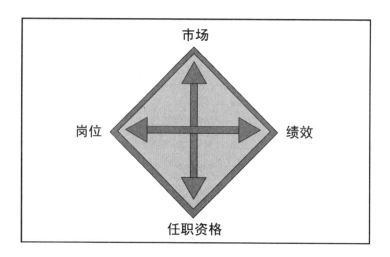

薪酬管理构成有竞争力的薪酬

固定工资：腾讯根据员工岗位性质以及所负责任为员工提供业内富有竞争力的固定工资，并且每年均会对绩效表现优秀的员工进行薪酬审阅。员工工资包括职位工资和固定津贴两部分。职位工资，主要指公司每月根据员工的职位性质和职位职责提供的保障性现金报酬。固定津贴，主要指公司对全体员工每月提供的固定津贴，包括住房补贴、保密津贴、竞业限制津贴、知识产权转让费等专项津贴。

奖金：奖金包括年度服务奖、年度绩效奖金。年度服务奖，指公司在年末向在当年在职员工提供的特别奖金。年度服务奖金一般标准为员工一个月工资。年度绩效奖金（不适用于拿提成的销售人员），指年度结束后，腾讯会根据员工绩效表现为员工提供年度绩效奖金。年度绩效奖金指公司在达成总体绩效目标的基础上，公司对员工在该年度完成或超额完成个人绩效目标的现金奖励。

绩效奖金直接体现员工绩效和贡献，体现薪酬激励的绩效导向。

股票期权：腾讯为有志于在公司长期发展、且绩效表现持续优秀的骨干员工提供公司股票期权，旨在让员工能分享公司业绩增长，使员工个人利益与公司发展的长远利益紧密结合在一起。

薪酬管理构成之完善的福利

员工保障计划：腾讯为员工提供完善的保障计划，包括国家规定的养老保险、医疗保险、工伤保险、失业保险，生育保险及根据政府政策缴纳住房公积金。

员工假期：法定假期方面，公司提供年休假、带薪病假、双休日/法定公众假期、婚假、丧假、产假、陪产假、哺乳假等相关假期。

员工关怀与救助计划：腾讯为员工提供多种福利计划，旨在为员工创建舒适的工作环境，并实现工作生活的平衡。

暑期实习：对于暑期实习生，若实习期间工作所在地与其家庭或学校所在地非同一城市，将享有公司提供的交通补贴和住宿补贴。

健康福利：健康加油站项目包括1.健康咨询、周年健康体检、健康热线；2.心理专家、一对一心理辅导、保护隐私；3.重大疾病、商业保险、重疾贷款、重疾就医协助。

财富福利：1.为员工涨薪；2.股权激励、住房公积金或者住房补贴；3.最高30万安居借款，劲爆免息。

生活乐趣：方便快捷的班车服务、全天候的食堂美食、丰富多彩的节日礼包、一年一度的公司旅游、圣诞晚会等大型公司活动；腾讯员工的孩子一生下来，就获赠生日QQ号，该QQ号附带18年的会员服务。

链接3

调查：除了钱之外，员工最想要什么？

一家公司的成败，与员工的能力有着非常直接的关系。如果你想找到并且留住最好的人才，你必须为他们提供他们所要的东西，而不是你觉得他们想要的东西。

如今很多创业者都已经认识到，除了薪资之外，还有很多东西是员工非常看重的。如果你能够满足他们的要求，员工就会感到更加快乐，并且会用更高的工作效率来回报你。

在一次针对11813名非管理层员工的问卷调查，调查者目的是想要知道员工在工作中最想要什么。他们将参与调查的员工分为两组：技术类员工（4658名工程师）和非技术类员工（7155名销售人员），以下是调查结果：

自上至下分别为：内部转岗机会、与同事保持良好关系、员工发展、灵活的工作时间、富有挑战的工作、与上级保持良好关系、拥有长期战略和愿景的企业、职业发展、管理层重视员工的贡献、安全感、自豪感、社会影响、适合自己的企业文化、工作和生活之间的平衡以及薪资和福利。

调查结果显示,除了薪资和福利之外,这些技术类员工和销售类员工最重视的是工作和生活之间的平衡。

通过对比,他们发现销售人员和技术人员对以下3个方面有着截然不同的看法:

※ 与同事保持良好的关系。销售人员认为合作能力是进行销售工作时非常重要的一种能力,而工程师们并不非常重视同事关系,这大概因为他们大部分工作都是独自完成的。

※ 富有挑战的工作。这是我们销售人员和工程师们最大的不同点。工程师希望进行有意思的项目,而销售人员正好相反,对于高难度的工作并不感兴趣,他们认为销售工作本身已经足够难了,并不希望再增加难度。

※ 拥有长期战略和愿景的企业。工程师们对于长期战略和愿景并不感兴趣,因为他们知道5年之后的技术将会发生翻天覆地的变化,而销售人员希望能够为拥有清晰发展方向的企业工作。

另外,很多员工都提及到以下的东西,他们认为这些东西在工作中也是非常重要的:

1.自豪感

当有人问起他们从事哪方面的工作时,很多人都希望能够自豪地告诉对方自己的工作。我们希望其他人羡慕甚至敬仰自己

的工作，这也是大企业相比小公司更容易获得优秀人才的原因
之一。

2.公平对待

虽然很多人都知道"生活本就不公平"这个道理，但是企业
的员工仍然不希望得到来自老板的不公平对待，他们不希望老板
将已经非常不公平的生活变得更加不公平。老板对某个员工有
所偏爱，这是管理工作中的一个大忌，员工痛恨这种不公平的待
遇。当然，所有管理者都不可避免地有自己更加偏爱的员工，但
是这种偏爱一定要给那些努力工作的员工，而不是那些善于溜须
拍马的员工。

3.值得尊重的老板

所有人都知道，员工希望得到来自老板的尊重。但是实际
上，员工也希望能够尊重老板！员工只会尊重那些值得尊重的老
板，具体说来，就是能够带领团队不断向前的老板。

4.自己的诉求被听到

如果老板总是没有时间或是没有兴趣听取来自员工的想法
和意见，员工就会有所怨言。员工其实并不指望老板总是能听取
他们的建议，但是至少老板应该愿意聆听他们想说的话，这样他

们会觉得老板在乎他们。

5.有时间享受个人生活

对于很多老板来说（尤其是创业者），工作就是生活。然而在员工眼中看来，与朋友和家人享受相聚时光，才是真正的"生活"。即使他们非常专注于自己的工作和事业，他们也应该有时间享受个人生活。如果繁重的工作让他们没有时间陪伴家人，他们就会感到厌倦。

6.得到指导，而不是被管理

在两种情况下，员工希望能够得到老板的帮助：当他们主动向老板求助的时候，以及他们把工作搞得一团糟所以不敢请求老板帮助的时候。而员工最不想要的，就是老板随时会像幽灵一样出现在他们身后，监视他们的工作。

7.看到"混蛋"同事被解雇

几乎在每一个办公室里都有一两个混蛋同事，这些人让所有人都感到无法忍受。员工们最想看到的事情，就是这些混蛋同事被解雇。如果老板留着这些混蛋同事，员工就会认为老板要么是个软弱的人，要么就是傻瓜。更严重的是，员工还有可能认为老板自己也是一个混蛋。

8.少一点压力

当人手头有太多的事情要做,而时间却并不充裕的时候,人就会产生压力感,这种压力感并不招人喜欢。老板在工作的时候必须仔细进行计划,分析可能出现的问题并且设定出切合实际的目标,这样才不会给员工制造太大的压力。

9.安全感

在现在这个经济环境下,没有人会奢望自己能够找到一个"铁饭碗"。但是即使如此,当一个人的头上随时悬着一个铡刀的时候,谁也无法保证自己能够专心工作。员工们需要一定的安全感,知道自己明天不会突然失业,只有在这样的情况下他们才能够发挥出自己的全部能力。

10.击败竞争

最后,永远不要低估团队合作的力量,尤其是某个团队的目标是将另一个团队打翻在地的情况下。员工们不仅仅是想要成为某个团队的一员,而是想要成为胜利团队的成员。

(本文摘编自:调查:除了钱之外,员工最想要什么?
来源:创业邦,2014.9)

第六章
人才激励

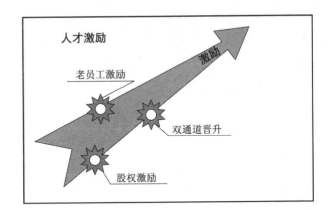

Tencent

股权激励

股权激励在国外成熟资本市场已有 60 多年历史。1950 年美国的"高管持股计划"把全球带入股权激励的浪潮中。进入知识经济时代以来，公司的核心竞争力越来越多地体现在对人力资本的拥有水平和对人力资本潜在价值的开发能力上。从理论上看，人力资本所有者的"自有性"、使用过程的"自控性"和"质与量的不可测量性"等特征使得传统的、简单的劳动契约无法保证知识型员工尽最大努力自觉工作，在管理手段上也无法对其进行有效的监督与约束。股权激励的方式恰恰可以弥补传统管理方法和激励手段的不足。

股权激励是推进公司治理结构完善的一项重要制度，旨在解决经理层与股东之间存在的利益冲突，通过实行股权激励使两者的利益一致，共同分享公司的利益。激励经理层遵循全体股东的意愿行事，约束经理层的短期行为，防止道德风险。因此，股权激励又有"金手铐"之称。这是实施股权激励的目的所在。

在股权激励的实际操作中最难的一项工作要数选定股权激励对象，很多股权激励失败案例就源于错误地选择了对象。

至 2012 年，我国上市公司越来越多地采用股权激励的方式进行企业管理，沪深两市自 2012 年以来有 52 家公司公布了股权激励预案，拟授予的股份高达 7.06 亿股；而 2011 年全年仅有 17 家公司公布股权激励预案，拟授予股份不到 1.5 亿股。2012 年以来股权激励拟授予股份比 2011 年全年激增了约 370%，上市公司推出股权激励的热情明显提升。

有这样一段往事：当年相邀 4 位伙伴共同创业，腾讯 CEO 马化腾出主要的启动资金。有人曾经想加钱占更大的股份，马化腾一口回绝："根据我对你能力的判断，你不适合拿更多的股份。"

马化腾解释说：

> 股份要跟你未来做的贡献和能力以及在公司起的重要性尽量匹配。

马化腾认为，拿大股的不干事，干事的股份又少，矛盾就会发生。

不仅如此，马化腾还自愿把所占的股份降到 47.5%，"要他们的总和比我多一点点，不要形成一种垄断、独裁的局面"。

但同时，他又要求自己出主要的资金，占大股。"如果没有一个主心骨，股份大家平分，到时候肯定出问题，同样完蛋。"

2007 年 12 月腾讯发布股权激励计划，根据该计划，股份将由独立受托人购入，成本由腾讯支付，计划由采纳日期（12 月 13 日）起生效，有效期为 10 年。该计划规定，董事会授出的股份总数将限制在已发行股本的 2%（约为 0.35 亿股股份）。而向奖励个人授出的股份最高不超过该发行股本的 1%（约为 0.17 亿股股份）。

2008 年 8 月 29 日，腾讯发布公告称，董事会决议向 184 位员工授出 101.605 万股新股作为奖励股份，进行股权激励计划是为更好利用公司资源，吸引和挽留发展所需人才。

2009 年 7 月 10 日，腾讯控股（00700.HK）在香港联交所发布的公告称，公司董事会已经决议进行一项大规模的股权奖励计划——将授出 818.1180 万股股份，奖励共计 1250 名员工。此次股权激励可谓大手笔。以 7 月 10 日腾讯控股收盘价 90.3 港元计算，此次用于激励的股票总值达 7.3 亿港元。自腾讯上市以来，股权激励并非首次。此前最近一次股权激励计划始于 2007 年，为股票期权激励，期限为 10 年，总计 31457513 股股份的购股权已获授出。

马化腾说道：

> 部分早期员工由于过早地聚集了相当的财富，确实存在动力不足的问题。对后续员工进行有效的激励，是保持未来高速增长的关键，是腾讯此次实施股权激励的目的。

老员工激励

随着企业的发展壮大，很多企业自然就会出现大量功勋卓著的老员工。他们是企业开疆拓土的功臣，他们是企业发展的推动者和见证者，也许他们已青春不再，也许他们还很年轻，只是资格老，他们都叫"老员工"。一个"老"字，是荣耀，是资历，有时也是激情不再和因循守旧的代名词。习惯助长惰性，平淡易磨精神。也许很少有老员工能逃离诸如爱抱怨、不思进取和工作缺乏激情之类的"老员工综合征"，但这并不意味着情况无法改变，老员工需要的，也许只是一点点关注，一点点变化，一点点激励。

老员工很可能对公司比管理者更了解，对技术比管理者更精通，对政策制度都有很多应对的办法，老板都让他们三分；另外老员工身上还有很多优点，他们对公司更有感情，更敬业更负责，更理解公司的文化和使命，对技术更认真也更专业。所以，优秀的管理者往往会花更多心思去考虑如何让老员工发挥新的作用，调动他们的积极性，而这种积极性不是靠职位和物质利益能够得到的，发现他们的价值点并充分利用，使其发挥到最大化才是更好的做法。

很多互联网公司，由于较早地实现了上市，但都遇到了这样一个问题：最早的一批员工因为股票等获益非常丰厚，导致后来工作动力不足。而后进来的人，却没有办法与之相比。作为腾讯，有没有遇到这种员工激励的困惑？

马化腾说道：

> 我们的"老人儿"（老员工）分两类：一类是真正没有动力了，一般的激励，激励不了他了，他想自己出去创业；另一类仍然保持很强的动力，他还能成长，就是说不需要你激励，他就为了兴趣，为了成长。如果是第一种情况，这没办法。
>
> 那后续的新人慢慢浮现出来了，也的确失去了第一次这样的机遇（股权激励）。但是这个世界也是公平的，如果在这个公司待得越长，激励每年就会逐渐逐渐追上，不能说完全追上原来早期的人的水平，但是至少可以让他与同行来比要体现出他的优势。在高速成长的企业发挥重要作用的关键人才，激励要跟上，这是我们的逻辑。

职业发展的重要性在另一个问题"老员工最想从工作中得到什么"的反馈中也体现得淋漓尽致。有超过一半的个人最想从工作中得到"更好的职业发展"，选择此项的 HR 占 40%。"更高的薪资待遇"在 HR 反馈数据中是最高的，为 42%，而个人兴趣仅为 28%。从中可以看出，薪酬是留住人才的重要因素，可并不是决定因素，在多数人心中，还有比金钱更重要的东西。当企业知道老员工留在公司的原因以及他们想要什么，就可以对症下药，采取相应的激励措施了。

双通道晋升

将合适的人放到合适的岗位上，是企业的领导者最应该关注的问题之一。但是许多时候，这个目标更像一句口号，而非一项实际可执行的战略，或者仅在企业的战略规划图中占据了显要位置，而缺乏具体可实施的策略、制度和方法上的保障。

在许多富有经验的领导者看来，实现这一战略目标最直接的做法，就是为企业制定一套适合自身情况的人力资源管理制度。通过一套规章制度以及 HR 人员的执行，从员工的招聘、培养和提拔等各个阶段，为企业发现人才、使用人才和保留人才提供强有力的保障。

因为员工职业晋升体系设置了多重晋升通道，并结合企业自身的情况，健全完善了相应配套考核机制和激励机制，最后都能有效摆脱人力资源的困境，从而促使企业人力资源规划走上良性发展道路。这其中，"双轨双向"的多重晋升通道的设置成为摆脱困境的关键。

　　腾讯员工可以根据自己的特长和兴趣，选择走管理的发展通道，也可以选择技术、设计、产品、市场等专业的发展通道，而在专业通道上发展可以获得和管理通道发展相同的认可和回报。腾讯针对不同专业类别员工在不同职业发展等级上，都设计有配套的能力要素，使员工清楚地知道自己应该努力和发展的方向；同时腾讯还根据能力要素标准，设计了一系列的职业培训，帮助员工尽快达到能力要求，实现发展目标。

　　企业的管理岗位毕竟数量有限，既不能毫无原则地增加管理岗位，也不能坐视技术专家黯然离开，只有通过与管理晋升通道相得益彰的技术晋升通道，为技术专家提供企业内部的各级技术职称，并配合设置相应的薪资制度和福利待遇，让无意于管理岗位的技术人才也可以通过提升专业技能获得地位和薪酬上的晋升，增强员工的满意度和忠诚度。

　　TTCP 是腾讯内部成立的技术职业发展通道委员会（简称TTCP 委员会），这个组织负责腾讯全公司技术人员的职业发展通道管理。而且各个部门都成立了 TTCP 组织的分会，负责该部门技术人员的职业发展通道的管理。各技术发展通道成立通道分会，共同负责腾讯公司技术人员通道管理相关体系的维护和建设。

　　人力资源部负责建设和维护腾讯公司的技术职业发展通道体系，并作为 TTCP 委员会的秘书机构，负责体系的运作和管理。

　　TTCP 为了培育技术人才，专门为 T1 ～ T6 职级的员工制订了详细而有效的提升培训计划，并坚持严格执行。这也是为什么腾讯近些年一直走在业内技术前沿的重要原因。

两种通道的共存，既可以避免员工为了晋升无视个人的特点去争夺有限的管理岗位，也可以避免技术型员工由于看不到发展的前景而选择离开，造成企业核心技术人才的流失。同时又可以避免技术专家因转入管理岗位而不适应，既无法发挥原有的技术专长，也无法胜任现在的管理职责，给企业和个人都造成难以挽回的损失的情况。

腾讯有一个中科院研究生毕业的员工，在腾讯工作不到 3 年，已成为 T3 技术级别的员工，已经到了中级技术骨干，而且参与了公司的很多很好的项目。他自己写了一句感言："毕业以后很快就参加了腾讯非常重要的项目"，他认为毕业以后，很快参与到一个公司重要的项目里面去，自己会得到很大的锻炼。

还有一位员工，是北邮毕业的，也是不到 3 年，负责 QQ 客服的工作。同时，他在公司成了中级讲师，把他自己做开发的经验分享给更多的新人。刚刚毕业 3 年的员工，除了研发工作，还可以跟大家分享经验，成就非常高。

从 2011 年开始，腾讯的员工已经超过 20000 人，内部从事研发的人员有一半以上。由于每一款成功开发出来的产品都需要不断优化升级，几乎每个员工都会固定在一款产品上，除非"内部转岗"。但是一位技术人员表示，"很少有人愿意内部转岗，因为相当于从头再来。"如果想要晋升，就要等"业务做大，人多了，就能升职了"。

人的最高需求是自我实现的需求，可以调配、使用更多的企业资源，并实现自我的价值。事实上，在企业内部，不同数量的资源调配和使用就对应着不同的职位等级，而这种职位等级在更多的企业里直接体现于行政管理的层级上。但这种行政管理的层级在现实企业中往往是非常有限的，因此，其在人力资源规划中的困境显得尤为突出。

专题1

职业发展通道种类

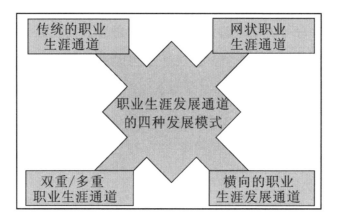

职业生涯发展通道（career path）：是指组织为内部员工设计的自我认知、成长和晋升的管理方案。

组织内职业生涯发展通道的四种发展模式：

1.传统的职业生涯通道

指员工在组织中从一个特定的职位到下一个职位纵向向上发展的一条路径，是一种基于过去组织内员工的实际发展道路而制定的发展模式。例如一个销售部门有销售助理、销售代表、销售经理、销售总监四个等级，从低的等级到高的等级的晋升就是这种传统的职业生涯通道。

2.网状职业生涯通道

是指一种建立在对各个工作岗位行为需求分析基础上的职业发展通道的设计。它认为在某岗位上所获得的技能在其他的岗位上也会起作用，它要求组织首先进行工作分析来确定各岗位对员工的素质和技能的要求，然后将同等要求的工作岗位归为一类，进行职业生涯设计，包括职位序列、横向发展机会及核心方向，从而交错呈网状。

3.横向的职业生涯发展通道

随着组织机构扁平化趋势的不断加强，组织内部将没有足够多的高层职位为每个员工都提供升迁机会。同样，随着员工个人兴趣的变化以及出于锻炼技能的需求，如果长期从事同一工作岗位会觉得枯燥乏味，组织通常采用横向调动使工作具有多样性，使员工焕发新活力、迎接新挑战。

4.双重/多重职业生涯通道

发达国家企业组织中激励和挽留专业技术人员的一种很普遍的做法，主要用来解决某一领域中具有专业技能，但并不期望或不适合通过正常升迁程序调到管理部门的员工职业发展问题。

职业生涯发展模式	优 点	缺 点
传统职业生涯通道	发展方向清晰明确,员工的目标和升迁密切相关	随管理层次减少,升迁的机会也就减少,在员工没得到满足的情况下,容易跳槽
网状职业生涯通道	有更多的职业发展机会便于员工找到与自己兴趣相符的工作	没有固定的发展通道
横向职业生涯通道	工作具有多样性,解决工作枯燥乏味问题	没有加薪或升迁
双重/多重职业生涯通道	每一种技术等级对应相应的管理等级,解决了专业技术人员升迁和激励问题	

现代企业职业发展通道管理存在的单一的"官本位"通道以及不合理的职业通道评价标准和程序等问题,不能满足目前员工对职业的兴趣化、多元化以及对个人职业发展的关注的需要。因此改善企业职业发展通道管理,采用多阶梯的晋升制度与横向职业通道相结合的职业通道体制,制定统一规范的职业发展通道评价标准和程序,提高企业职业发展通道管理的透明度,为员工职业发展提供充足的空间,对现代企业的人力资源管理和长期发展至关重要。

杰克·韦尔奇如何激励员工

激励员工是领导的重要工作。虽然领导与专家们在许多问题上有分歧,但对这一点却充满共识。比如哈佛大学教授约翰·科特认为:一个复杂企业组织的领导分为三个过程——确定企业经营方向、联合群众以及激励和鼓舞。

而世界上很少能有比通用电气(GE)更复杂的企业组织了。在通用电气董事长兼首席执行官的位置上以领导力著称的杰克·韦尔奇,在接受《华尔街日报》记者访问时,谈到了自己是如何激励员工的。原文出版于Boss Talk(中译本为《顶级CEO的原则》)一书中。

第一次从事管理工作,你是如何调动员工积极性的?

我非常幸运地成为GE一个新部门——塑料制品部的第一批员工。当我雇用第一名员工时,我们组成了两人团体,我从没把自己看做老板而是同事。而后我们雇用了一个又一个新员工。

我们做好了刚刚起步时的一切准备。大家一起去我家共进晚餐，一起过周末，一起在星期六加班。我们没有任何盛大的场面，也不使用备忘录，整个部门就像一个家庭杂货店，大家共同出谋划策，而无等级之分。这就是我们常称作的"我们的生意"。

我想一个企业就应该这样运作。它是思想观念的汇集之所，而不是提供职位之地。

现在仍然像个杂货店吗?

事业走上正轨，难免会出现一些等级制度问题，但我们的团队精神和氛围仍在。当你取得成功时，你就该去庆祝。我们过去有个百镑单俱乐部 (Hundred-Pound-OrderClub)，每当我们取得一些成绩，我们都会把生产线停下来，大家一起到百镑单俱乐部庆祝。今天在GE的各个部门，这种精神仍然存在。

挫折是否有助于你完善管理方式?

刚开始时，就像GE的其他几个新员工一样，我负责一个小项目。那时的奖励制度不合理，到了年底，每人都得到了1000美元加薪，我觉得我应得的不止这些，便打算离开，但老板要求我留下。类似的情况再也没有发生过。

这个经历让我意识到在GE这样的大公司里人们常会遇到此

类挫折。你要把车驶入大停车场，停在一排排的车之间，走进办公室，一些笨蛋告诉你要做什么，该怎么做。这根本不是你对生活的期望。如果你的成绩不被认可，遇人不淑，的确很可怕。

你对雇员有什么忠告？

我让他们了解到在这个公司不能甘于碌碌无为，因为许多人都是在碌碌无为中了此一生。他们没有适合自己的工作，或者，蒙头莽脑，甚至连捣乱的心思都没有。

我鼓励他们勇敢地展示自己，谈出自己的看法，争取上司的赏识。我告诉他们："如果GE不能让你改变窝囊的感觉，你就应该另谋高就。"我会辞掉那些让员工产生这样心态的经理和那些不能与员工打成一片的经理。

你一般花多少时间处理员工的问题？

至少一半的时间，你看（他掏出一个大笔记本，上面画满了图表，每个部门都有相关的图表，反映每个员工的情况），这是一个动态的评估，每个人都知道自己所处的位置。

第一类占10%，他们是顶尖人才；次一些的是第二类，占15%；第三类是中等水平的员工，占50%，他们的变动弹性最大；接下来是占15%的第四类，需要对他们敲响警钟，督促他们上进；第五类是最差的，占10%，我们只能辞退他们。

　　根据业绩评估，每个员工都会知道他们处在哪一类，这样就没有人会对我说："嗨，以前人们都说我很棒，现在只有你说我很差劲。"

你的评估将决定是否给予他们股票期权作为奖励，是吗？

　　第一类员工会得到股票期权，第二类中的大约90%和第三类中的50%会得到股票期权。第四类员工没有奖励。

　　图表是最好的工具，哪些人应该得到奖励，哪些人不应该受奖，哪些人应该打道回府，你该如何奖励这些人？如果你爱惜员工就拥抱他们，亲吻他们，培育他们，给他们一切！

让员工相互竞争，面临被淘汰的危险，这对他们是不是压力太大了？

　　不是的。这里有很大的空间，比如第三类员工，不会有什么处罚。我不知道这里是否比别的公司残酷，但这是我们的方式。

如你所说，员工状况总是均匀的：第一类占10%，第二类占15%，第三类占50%，第四类占15%，第五类占10%。你一直都在用一个曲线来给员工评等级吗？

每一类都有不同的标准，因为每一类员工都会拼命认为自己是第一类员工。如果我有10名员工，那么，肯定有一个是第一类，还有一个是第五类。

你如何确定何时解雇某个员工？

要解雇的就是第五类员工，这很明显。这样做对谁都有好处。他们去一个新地方，开始一种新的生活，有一个新的开始。

一个第一类的员工和一个第三类的员工差距很大，但真正的困难还在第四类上。占10%的第一类员工的成果和影响要远远高于占15%的第四类员工。

你是如何调动一般员工的积极性的？

让他们明白他们可能上升到第一类或第二类，有机会选择何去何从，他们中最好的才会得到股票期权的奖励。

你是否会给员工制定目标，来提高他们的业务能力？

使员工们意识到他们有潜力不断进步比制定目标更为重要。使公司以最快的速度发展就是我们的目标，我希望员工能够发挥主动性，群策群力，促进公司发展。

一些公司与他们的雇员签约，而我不喜欢这样的方式。如果我和你签约，我就成了你的老板，那么来见我之前你会做些什么呢？你会制作50份图表向我证明你已经竭尽全力了，而我一定会要求你做得更多，到了最后只能采取折中的办法。

换一种方式，我希望你能充分发挥潜能，提出你最好的建议。我会问："你需要什么？需要更多的人吗？需要更多的研究和发展？"你给我的将是许多我没能想到的建议和计划，而我可能会说："我不喜欢这个想法，我不想这样做，但那个主意非常好。"这样的交流更有成效。

在员工奖励方面，你认为物质奖励和精神奖励哪个更重要？

对一位表现出色的员工进行奖励是管理过程中一个很重要的部分，我主张较大的提升。我不想让人的鼻子总碰着玻璃而穿不过去，我希望他们能得到他们应得的。

精神鼓励和物质奖励都是必要的，光有钱不够，而象征性的褒奖也是不行的，两者缺一不可。我遇到过给获得专利的员工只发奖章的老板，这家伙有很多钱，但他认为多给钱是愚蠢的，因此只给奖章。而我会给他们更多的钱，我认为金钱和精神鼓励应该兼顾。

你是如何评价你的高层管理人员？你也鼓励他们相互竞争吗？

我鼓励他们在工作上相互竞争,但不要有个人恩怨。我们的做法是将奖赏分为两个部分,一半奖励他在自己的业务部门的表现,另一半奖励他对整个公司发展的贡献。如果自己部门业绩很好,但对公司发展不利,则奖金为零。皮之不存,毛将焉附?

你认为与下属关系融洽有多重要？

你可以整天不和下属混在一起,不参与下属的社交活动,不跟他们一起打棒球、去图书馆、参观博物馆、看歌剧或和他们穿不同的衣服,这些都没关系。但如果你与下属在经营观念上有分歧,或对人不公平,或对企业的文化不认同,这就有问题了,在这些事情上大家必须达成共识。

(本文摘编自《顶级 CEO 的原则》,作者:胡林英 中信出版社,2003.1)

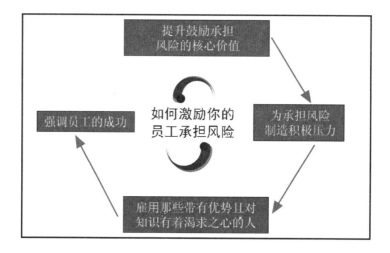

链接

如何激励你的员工承担风险

提升鼓励承担
风险的核心价值

如何激励你的
员工承担风险

强调员工的成功

为承担风险
制造积极压力

雇用那些带有优势且对
知识有着渴求之心的人

你最近一次承担风险是什么时候？许多商业人士会避免承担与企业相关的风险，但这却是一种鲜能成功的方法。公司的管理者需要在竞争激烈的市场中杀出一条血路，所以这就要求他们必须以不同的角度进行思考，不能惧怕失败或者使员工对公司所要取得的成功有着错误定位。

在成功的企业中，承担风险的人不仅仅是决策者。公司上下的员工也都需要承担一定风险。为了创办一家利于行业发展的企业，请谨遵以下列出的四步来激励自己的员工成为风险承担者。

1. 提升鼓励承担风险的核心价值

永远不要低估语言的力量，无论是口头还是书面的，它们能够对员工的思维方式产生影响，并且这种影响是回荡在整个企业中的。正是因为这样，对于鼓励承担风险的核心价值应该随处可见并且辅以成功例子的支持。屏幕保护程序、会议议程、电子邮件签名、海报板、员工手册及公司的文具都可以对员工进行提醒。

对于核心价值的表述将会对员工行为产生极大影响。举个例子，设想每天都能看到这些话："竭尽全力地去实现目标，别找借口""就是让它实现，并且就是现在"。

员工知道有公司做后盾就会提出有风险的新想法并且会尽力创造最大的回报。这是因为在风险承担的背后有支撑结构（在很多公司并不常见）的存在。

2. 为承担风险制造积极压力

制定那些几乎不可能实现的目标，并且不允许你个人或是你的团队无法实现该目标。与之相反，这种策略创造了一种将沙袋替换为承担风险的积极有益压力。因此，员工们将会成为风险承担者并且拒绝采用能够实现简单目标的传统方法。让公司觉得失败是一个充满着机遇的区域。但是为了向上向前，公司失败的话就速战速决。

无论是财政还是其他形式的奖励，将鼓励措施与目标捆绑在一起。我所见过的最大动力并非金钱收益而是个人的成功。当某位员工被告知某事是无法完成的但是他却做到了，证明别人是错误的时候，这种感觉尤为强烈。这就是为什么要雇用那些将自身成功看得很重的人。个人对于成功的追求将会为公司带来成功。

3. 雇用那些带有优势且对知识有着渴求之心的人

员工关乎公司的成败。如果公司需要改变现状已经不可避免，那么就雇用那些天生的风险承担者。他们会对已认定的事实怀有蔑视之心，而这正是分辨这些个体的方法。在他们不同的技能中，他们质疑现状、汲取行业知识。这是考察其思考能力的一个重要指标。

在面试过程中，应该对应聘者的思维过程进行考量，观察他们是否与公司的风险承担价值相契合。两个问题可以让杰出的应聘者脱颖而出，即"我们全天24小时都能依靠你吗？"和"你是真的想在这工作吗？"这两个问题的答案或许非常显而易见。但是我非常确定这些问题对于做出正确的雇用选择将会非常有效。

对于第一个问题，答案本身并不重要。问题的意义在于生成一个以风险为基础的答案。无论哪种方式，管理者都可以看清应聘者的态度或是陷入矛盾的心理状态。如果应聘者出色地回答了第一个问题之后对第二个问题还给出了肯定的回答，那么这个人就非常值得雇用。

4. 强调员工的成功

类似于文字的力量，口头讲故事是激励他人的根本途径。分享轶闻趣事并从那些在公司内承担过风险的人身上汲取经验。

不同类型的故事比其他更能引起共鸣。关于某人通过自己的努力为公司带来成功的事例是绝佳的激励元素。另一个具有效果的讲述是公司内的某人向其他同事发起挑战，成功证明他们是错误的。

要明白失败是货真价实存在的，是创新的副产品。通过运用核心价值、积极压力、招聘流程以及故事讲述的方式来积极鼓励员工承担风险。因此，公司的增长将由那些对公司、领导者以及他们自身发起挑战的员工主宰。

（本文摘编自：如何激励你的员工承担风险，来源：创业邦，2014.10）

第七章
绩效考核

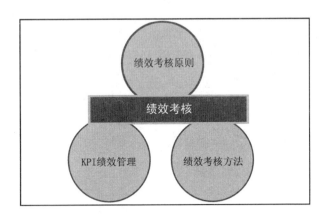

Tencent

绩效考核原则

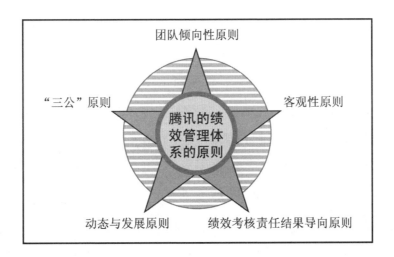

对多数企业来讲，绩效考核有以下几个目的：

1. 不断提高公司的管理水平、产品质量，降低生产经营成本和事故发生率，提供公司保持可持续发展的动力；

2. 加深公司员工了解自己的工作职责和工作目标；

3. 不断提高公司员工的工作能力，改进工作业绩，提高员工在工作中的主动性和积极性；

4. 建立以部门、班组为单位的团结协作、严谨高效的工作团队；

5. 通过考核结果的合理运用（奖惩或待遇调整、精神奖励等），营造一个激励员工奋发向上的工作氛围。

绩效指标落实到人，每个人都有目标，并且与组织目标相关联。只有组织、部门、个人的目标及其努力方向一致，组织的目标才能实现，考核要对各级的目标明确界定。

腾讯整体的考核分为半年考核与季度考核两种模式。每次考核由公司 HR 统一组织，各部门分头实施。

半年考核（Q2、Q4）的结果将应用于职级评定、干部晋升评估，同时作为薪酬调整与年度绩效奖金分配的基础依据。季度考核仅作为引导员工进行总结、上级了解下级工作的手段。

腾讯公司在进行员工绩效考核时，遵循以下原则：

1. "三公"原则。即："公正、公开、公平"——绩效管理各环节目标公正，过程公开，评价公平。

2. 团队倾向性原则。团队的领导者与员工是不可分割的利益共同体，团队中所有人员都对部门的 KPI（关键绩效指标）和涉及的业务流程负责。领导者要通过绩效辅导帮助下属提高绩效，各个任职者有责任帮助流程相关周边人员提高绩效。

3. 客观性原则。主管在评价下属时以绩效为主，以日常管理中的观察、记录为基础，各部门要逐步规范对员工日常工作计划与总结的管理，以此作为考核的主要依据。

4. 绩效考核责任结果导向原则。突出业绩，以在正确时段达成正确绩效结果为依据，同时兼顾能力或者关键行为以及个人态度对工作和团队的价值贡献。

5.动态与发展原则。绩效管理保持动态性和灵活性，绩效标准、实施标准将随着公司和管理对象的成长以及战略的变化而变化。

绩效考核方法

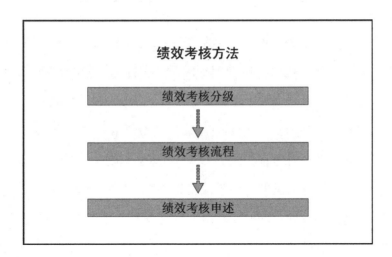

绩效考核分级

腾讯的绩效考核分为 S、A、B、C 四个等级，依次对应为优秀、良好、合格、待改进四个等级。各 team（组）的比例分布为5%、40%、50%、5%。

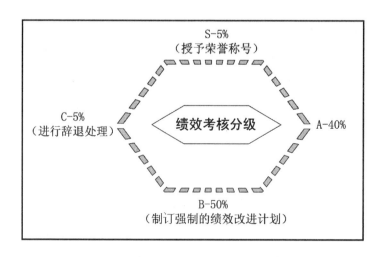

对考核结果为 S 级的普通员工和基层干部，将授予"腾讯优秀员工"、"腾讯优秀基层管理干部"荣誉称号。相应激励方式包括通报表彰、召开表彰大会进行颁奖、发放奖金与奖品等。

对考核结果为 C 级且部门评估为"不合格"的普通员工，将进行辞退处理；对考核结果为 C 级且部门评估为"待改进"的员工，部门将制订强制的"绩效改进计划"，并根据情况给予培训、转岗、降薪等处理；同时，连续两次考核结果为 C 的，将进行辞退处理。

对考核结果为"待改进"的基层管理干部，将根据绩效差距制订"绩效改进计划"，并给予管理辅导和专项培养计划；同时，连续两次考核结果为"待改进"的，将根据情况建议给予免职的处理。

绩效考核流程

腾讯人力资源管理部门在季度结束时统一发布启动考核的通知及进度安排。

员工在一个星期内通过 OA（办公系统）提交工作总结（季度总结或半年总结），并自评工作业绩。

4 个工作日内，直接上级对员工提交的工作总结进行评估，并根据需要对员工自评进行调整。

4 个工作日内，部门经理对员工考核进行确认或调整。

4 个工作日内，BU（业务单元）总裁或副总裁对考核结果进行确认，并提交 HR（人力资源部门）。

HR 将考核结果反馈给每一个员工。

绩效考核申述

如果员工对考核结果不认同，或认为评估有失公正、违反公司规定的，可在考核结果反馈后 10 个工作日内提出申诉，提出申诉程序如下：

首先，员工与直接上级沟通，提出申诉意见；其次，如不认同直接上级的处理反馈，可向间接上级或部门第一负责人提出申诉意见；最后，如仍不认同间接上级或部门第一负责人的处理反馈，可书面向人力资源部提出申诉意见，人力资源部会同申诉人所在部门进行调研，反馈处理结果。

KPI绩效管理

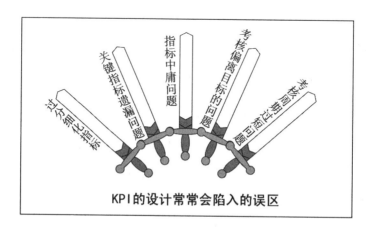

KPI的设计常常会陷入的误区

对企业来说，要将绩效考核作为绩效管理的一部分，就需要建立与企业战略紧密关联的KPI（关键绩效指标）法体系。它把对绩效的评估简化为对几个关键指标的考核，将关键指标当做评估标准，把员工的绩效与关键指标做出比较的评估方法，它常常用来反映影响企业价值分行的关键驱动因素，并作为衡量个体或组织关键业绩贡献的有效指标。

在一定程度上可以说是目标管理法与帕累托定律的有效结合。当进行KPI系统设计时，设计者被要求遵循关键指标必须符合SMART原则：具体性（Specific）、衡量性（Measurable）、可达性（Attainable）、现实性（Realistic）、时限性（Time-based）。

一般来讲，KPI 的设计者对于这个 SMART 原则是很熟悉的，但是，在实际设计应用的时候，却往往陷入以下误区：

1. 对具体原则理解偏差带来的指标过分细化问题。具体原则的本意是指绩效考核要切中特定的工作指标，不能笼统，但是，不少设计者将其理解成指标不能笼统就应尽量细化。然而，过分细化的指标可能导致指标不能成为影响企业价值创造的关键驱动因素。

2. 对可度量原则理解偏差带来的关键指标遗漏问题。可度量原则是指绩效指标是数量化或者行为化的，验证这些绩效指标的数据或信息是可以获得的。可度量原则是所有 KPI 设计者应注重的一个灵魂性的原则，因为考核的可行性往往与这个原则的遵循有最直接关系。然而，可度量并不是单纯指可量化，可度量原则并不要求所有的 KPI 指标都必须是量化指标。但是，在 KPI 系统实际设计中，一些设计者却过分追求量化，尽力使所有的指标都可以量化。诚然，量化的指标更便于考核和对比，但过分追求指标的量化，往往会使一些不可量化的关键指标被遗漏在 KPI 系统之外。

3. 对可实现原则理解偏差带来的指标中庸问题。要避免设立过高或过低的目标，由于过高的目标可能导致员工和企业无论怎样努力都无法完成，这样指标就形同虚设，没有任何意义。而过低的目标设置又起不到激励作用，因此，KPI系统的设计者为避免目标设置的两极化，往往都趋于中庸。通常爱选择均值作为指标。但是，并非所有中庸的目标都是合适的。指标的选择需要与行业的成长性、企业的成长性及产品的生命周期结合起来考虑。

4. 对现实性原则回避而带来的考核偏离目标的问题。现实性原则指的是绩效指标实实在在，可以证明和观察。由于考核需要费用，而企业本身却是利益驱动性的，很多企业内部KPI体系设计者为了迎合企业希望尽量降低成本的想法，对于企业内部一些需要支付一定费用的关键业绩指标，采取了舍弃的做法，以便减少考核难度，降低考核成本。而他们的理由，或者说借口，往往是依据现实性这一原则，提出指标，不可观察和证明。实际上，很多情况下，因这个借口被舍弃的指标对企业战略的达成是起到关键作用的。甚至，因这类指标被舍弃得过多导致KPI与公司战略目标脱离，它所衡量的职位的努力方向也将与公司战略目标的实现产生分歧。

5. 对时限原则理解偏差带来的考核周期过短问题。

时限原则是指注重完成绩效指标的特定期限，指标的完成不能遥遥无期，企业内部设计 KPI 系统时，有时会出现这种周期过短问题。

腾讯公司也陷入了这些误区：

"我们花了 13 万元拍了一个视频，就是为了给老板看。我们预算中差不多花 30% 在内部宣传上。每年腾讯都有圣诞夜，是要抢占广告位的。"在腾讯内部人士的讲述中，这样的故事比比皆是。"腾讯内部的员工都很重视上内刊，这是可以表功的，每个部门都以争取上内刊让领导看到为重，这几乎占据了有些部门工作精力比重的一半。我们的日常事务是分级的，为 P0 ~ P3 级别，P0 是最重要的，但时常是对内宣传。"

可以说，腾讯现在已经异化成了一个个小王国，而非一个具有很好整体性的大公司。出现这种结果的很大一方面原因，就是腾讯内部的 KPI。腾讯自身陷入了 KPI 迷局，这个迷局却清晰地告诉我们：一味地追求绩效，是企业管理中一个很大的误区，它给企业自身带来的危害，是难以治理的！

KPI 被误用，存在于多数企业中，例如阿里巴巴。阿里巴巴创始人马云曾在 2010 年年末给员工的一封信中这样写道："阿里巴巴必须坚持高绩效的文化，要充分体现公平、公正的原则，我们的绝大部分工作必须要能量化。KPI 就像检查身体时的各项指标，它不应该是我们追求的目标而应该是我们公司健康的象征和结果。完成了 KPI 绝对不等于万事大吉了，就像身体某些指标正常不等于健康一样。当然，我们必须有一些指标来检测我们的工作。关键是哪些指标是必需的，是由谁定的等等。

"这两年我们的 KPI 考核，变得有些机械和僵化，甚至有非常严重的大锅饭现象，对公司的发展非常不利，必须坚决改掉！KPI 不是领导和员工讨价还价的结果，而是由下而上地根据对公司战略的理解和对业务的把握，提出最合理的指标，以及相匹配的资源。这些指标必须是和上级沟通后达成的共识，这些 KPI 指标还很可能是根据内外部情况而动态的。年底客户满意不满意，我们有没有超过行业的增长，有没有为未来的发展培养基础，这才是我们真正要的。

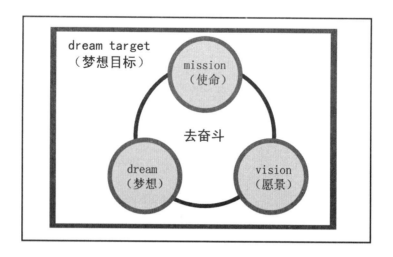

"dream target（梦想目标）是我们共同奋斗的目标，是调配资源的指导。dream target 必须通过创新的方法才能实现，而不是简单地沿用现有的手段，拼命去挤牙膏。电子商务正在迎来井喷的发展，我们必须超高速地成长，才能继续保持行业领先。我们要为我们的 mission（使命）、vision（愿景）和 dream（梦想）去奋斗，而不是为完成 KPI 任务，更不应该是为了奖金而努力。"

链接1

腾讯集团公司绩效管理制度

一、设计指导原则

第一条 绩效管理体系的构成

1.绩效管理体系包括关键绩效指标体系（KPI）、公司绩效管理、员工绩效管理、年度综合评估等。

2.绩效的有效性侧重于绩效管理各环节流程制度的建设以及各级管理者绩效管理能力的提升。

3.绩效管理必须建立制度化、规范化的双向沟通机制。各部门负责人作为人事管理第一责任人，有帮助下属提升能力与完成管理任务的责任。

4.在绩效管理中，突出绩效考核对公司绩效改进的关键作用。绩效考核以KPI为基础，以业绩衡量标准/工作结果对员工行为结果进行考核；绩效考核以目标为导向，依靠绩效目标的牵引和拉动促使员工实现绩效目标；绩效考核强调主管和员工的共同参与，强调沟通和绩效辅导。

第二条 绩效管理体系的原则

1."三公"原则。即："公正、公开、公平"——绩效管理各环节目标公正,过程公开,评价公平。

2.团队倾向性原则。团队的领导者与员工是不可分割的利益共同体,团队中所有人员都对部门的KPI和涉及的业务流程负责。领导者要通过绩效辅导帮助下属提高绩效,各个任职者有责任帮助流程相关周边人员提高绩效。

3.客观性原则。主管在评价下属时以绩效为主,以日常管理中的观察、记录为基础,各部门要逐步规范对员工日常工作计划与总结的管理,以此作为考核的主要依据。

4.绩效考核责任结果导向原则。突出业绩,以在正确的期间达成正确绩效结果为依据,同时兼顾能力或者关键行为以及个人态度对工作和团队的价值贡献。

5.动态与发展原则。绩效管理保持动态性和灵活性,绩效标准、实施标准将随着公司和管理对象的成长以及战略的变化而变化。

二、绩效管理执行综述

第三条 考核对象

集团总部的考核对象为所有员工,总裁的考核方法由董事会根据经营目标与计划完成情况另行确定。

第四条 考核周期

集团总部的考核周期分为三类，即：

1.月度考核。适用于集团总部所有员工，一般于次月10日前完成。

2.季度考核。适用于集团总部所有员工，于每年1月、4月、7月、10月的15日前完成上季考核工作。

3.年度考核。适用于集团总部所有员工，具体方案另行公布。

第五条 考核依据与考核形式

1.集团总部的考核采取基于计划管理的考核方式，不同职位层级的考核对象的考核重点有所差异。

2.试用期员工考核见公司劳动用工管理制度。

第六条 考核内容

职位关键绩效指标

1.职位关键绩效指标，源于公司发展战略和经营计划，通过KPI体系的建立使发展战略和发展目标转化为各部门以及公司成员的具体行动。

2.职位目标分解要体现：基于职位职责的责任与贡献；基于职位对总目标的贡献；基于职位对流程的贡献。职位KPI必须符合SMART法则，即：具体的（Specific）、可衡量的（Measurable）、可以达到的（Attainable）、相关的（Relevant）、以时间为基础的（Time-based）。

3.绩效目标的设立因职位层级而异。基层职位绩效目标应根据部门职位特点来设定。

（1）对于部门负责人关键以部门工作效果，关键绩效指标的达成率来设置。

（2）对于一般工作人员可以考核工作计划完成度来设置。

（3）对于例行性工作人员如出纳、文员等，以工作量及准确性、及时性、规范性等来设置。

（4）设立绩效目标应考虑流程协作的要求，不可仅限于职责范围内。

其他目标计划

1.区别于关键绩效考核指标的一般性工作内容。

2.领导交办的相关工作内容。

第七条 考核关系

1.对于不同的考核内容，集团总部考核关系分示如下：

被考核者	直接考核者	评定考核者
一般员工、基层人员	部门经理 / 副经理	部门经理
部门副经理 / 经理助理	部门经理	分管副总 / 总经理
部门经理	分管副总 / 总经理	考核委员会
总经理 / 副总经理 总监 / 副总监 董事长助理	考核委员会	董事长
副总裁	考核委员会	董事长

2.外派之人员考核：

（1）外派总经理、副总经理、总监及副总监人员考核由考核委员会直接考核，并由董事长评定；

（2）其他外派人员考核在子公司或项目公司进行。

第八条 考核责任

1.考核委员会领导绩效考核工作，承担以下职责：

（1）考核委员会是公司为不断提升绩效而设立的非结构化、常设的业绩管理、评价机构。

（2）考核委员会对公司绩效评价、员工绩效考核、奖金评定、非物质激励等总体激励机制的管理负责。

（3）本绩效考核制度的制定、解释、修改的责任和权限在考核委员以及由考核委员会授权的人事部门。

（4）违反本制度的处罚决定权在考核委员会。

（5）所有考核的解释、最终评定权在考核委员会。

（6）负责员工考核申诉的最终处理。

2.各级管理者是直接下属员工绩效考核的直接责任人，承担以下的职责：

（1）在考核中要以目标为导向，对下属进行合理、公平的评价；

（2）各级管理者要认真履行对员工达成目标的支持和辅导责任；

（3）各级管理者要不断提高管理技能，有效与员工沟通；

（4）负责相应各部门考核工作的整体组织及监督管理；

（5）负责帮助下属员工制订月度工作计划和考核标准。

3.集团人事部为绩效考核具体组织和实施部门，承担以下职责：

（1）公司绩效考核执行机构是人事部门。

（2）负责各子公司、项目公司考核方案的审核，制度执行情况的监督和审核。

（3）负责组织每个考核周期自上而下《绩效考核表》的制

定和检查,并及时归档。

(4)检查各级管理者对绩效目标达成过程的检查和辅导情况,提供业绩管理的技术支撑。

(5)负责每个考核周期内的自下而上绩效评估的组织工作。

(6)负责完成每个考核汇总和分析,及时提交考核委员会审核,及时反馈和沟通审核结果。

(7)根据考核委员会的决定,负责完成奖金分配和发放。

(8)受理考核投诉,并跟踪处理。

(9)负责回答在制度执行过程中的问题。

(10)为每位员工建立考核档案,作为奖金发放、工资调整、职务升降、岗位调动等的依据。

第九条 考核结果应用

集团人事部为每位员工建立考核档案,考核结果将作为奖金发放、评选先进、薪资调整、职务升降、岗位调整、员工福利、考核辞退等的重要依据。具体依相关制度规定执行。

第十条 考核申诉程序

1.各类考核结束后,被考核者有权了解自己的考核结果,考核者有向被考核者通知和说明考核结果的义务;

2.被考核者如对考核结果存有异议,有权在接到通知的10日之内,向集团人事部提出申诉(不接受口头申诉);

3.集团人事部通过调查和协调,在10日之内,对申诉提出处理建议,并将事实认定结果和申诉处理意见反馈给申诉双方当事人和所在部门负责人或分管高管,并监督落实;

4.若当事人对结果仍持异议,可向考核委员会提请仲裁,考核委员会仲裁结果为最终结果。

三、绩效管理执行细则

第十一条 考核目标的制定

1.公司级绩效目标以公司年度经营计划及年度经营管理目标责任状为基础,包括销售收入、净利润、工期、质量、安全、成本、招商指标及其他节点指标。

2.部门级绩效目标以公司级绩效目标进行分解落实,员工级绩效目标以部门级目标进行分解,结合本职位的职位说明书职责设定。

3.目标在公司经营情况发生调整时,可根据实际情况进行修订。

4.上级与下级应就绩效目标进行沟通并达成共识,共同探讨达成绩效目标的措施,根据工作的重要性和紧急程度确定工作安排的优先次序。

5.每位员工根据上述要求，拟定本人月度目标计划和年/季度绩效目标（附件《绩效考核表》），与上司沟通并经上司核准后执行。

6.月度计划总结：每月末，员工对比计划根据实际完成情况，进行总结，上司做回顾沟通。

7.季度目标评价：每季度末，上级和下级根据目标计划完成情况进行综合评价，对结果进行沟通、指导、评价。填写《绩效考核表》，并将考评结果汇总至人事部门，交管理层进行评估平衡以及反馈。

第十二条 考核操作流程

1.绩效计划

（1）各部门管理领导计划：各部门分管领导在规定时间内（以集团总裁办所发通知为准）将各部门月度计划发至集团经营管理部；月度例会上讨论确定各部门的《月度工作计划表》，月度例会次日17：30前，经营管理部负责将各部门的《月度工作计划表》发至各分管领导处及人力部人事主管处。

（2）各部门经理/副经理计划：程序如下（3）员工计划。

（3）员工计划：月度例会后2日（最迟不得超过当月2日）17：30前，各级员工需将个人的《月度工作计划表》发至上级主管处，各上级主管需及时与下属进行沟通、确认后，在限期内将下属的《月度工作计划表》发至下属本人及人事主管处。

2.计划调整

（1）计划增加：可经双方确认后，在月末总结时列于总结表内。

（2）计划删改：因客观不可抗拒情况造成原计划任务取消或重要指标变更，被考核人需于当月20日前填写计划删改申请，报各部门分管领导处，如系分管领导关键任务的调整，则需上报总裁批准，否则此项以未完成计。

3.绩效总结

（1）各部门分管领导总结：各分管领导在规定时间内（以集团总裁办所发通知为准）将月度总结发至集团经营管理部；

（2）经营管理部负责准备各分管领导《月度计划总结考核表》的复印件，供考核委员会考核人考核时使用，各考核人需将考核评分表于月度例会次日17:30前交至人事部人事主管处；

（3）部门经理与员工总结：需在次月5日17:30前将个人的《月度计划总结考核表》（以月初上交的计划表为基础）自评后发至上级主管处，上级主管需及时与下属进行沟通、考评，并在次月7日17:30前将沟通确认的总结考核表发至下属本人及人事主管处。

4.绩效沟通

（1）绩效沟通要对照《月度计划表》和《岗位说明书》进

行，主要为肯定成绩，指出不足、提出改进意见，帮助员工制定改进措施并反馈下月度的《计划表》等。沟通方式以面谈为主，如无条件，亦可视情况采取电话沟通等方式；

（2）人事部对绩效沟通的执行情况不定期进行抽样检查，对没有按规定执行绩效沟通的管理人员，视情况给予通报批评和考核成绩降级的处理；

（3）如下属（被考核人）对上级主管（考核人）所定之计划、评价结果、沟通过程存有异议，可在次月7日前向人事部提交书面说明并按申诉程序执行；

（4）对考核结果为D及以下的员工，必须在绩效面谈时如实通知其考核结果，说明原因及处理意见，对上述内容必须保留书面记录，并由员工本人签字确认。

5.绩效汇总与绩效工资计算

（1）次月10日17：30前，人事部负责对绩效考核数据进行汇总，编制《月度中心考核结果汇总表》并发至总裁、各分管领导处；

（2）次月20日17：30前，人事部负责计算出各员工的绩效工资总额，并制表交财务部发放。

6.外派至各子公司的人员的绩效考核

外派人员所考核内容参照集团相关级别人员考核方式操作。

7.季度考核的操作流程参照月度考核

第十三条 考核结果计算

考核结果与员工当月绩效工资挂钩，与年度绩效工资挂钩，与年度优秀员工等相关评比挂钩。

1.一般情况取值方法为

该项指标得分=权重×实际值/目标值

2.要求控制、降低的指标（如费用等类指标）：

该项指标得分=权重×（1—实际值/目标值）

3.部门（组织）或个人得分为综合考评得分：

总得分=∑单项指标得分

注：任何一项指标的最低得分为≥0。

第十四条 考核结果与参考标准

1.考核结果包括综合评语和考核等级（A、B、C、D、E），考核与评价相结合。

2.考核等级分为（A、B、C、D、E）五级，定义如下表：

等级	定义	摘　要	与基值/目标值的关系	参照分数	绩效考核因数
A	优秀	实际绩效明显超过预期计划/目标或岗位职责/分工要求（须提供事实证明）	明显超过经营目标值，达到内部管理目标值	≥90	120%

续表

等级	定义	摘　　要	与基值/目标值的关系	参照分数	绩效考核因数
B	良好	实际绩效达到预期计划/目标或岗位职责/分工要求	达成经营、内部管理目标值	<　90且≥80	100%
C	合格	实际绩效基本达到预期计划/目标或岗位职责/分工要求，在计划/目标或岗位职责/分工要求所涉及的大部分方面符合要求。	基本达成经营、内部管理目标值	<　80且≥70	80%
D	基本合格	实际绩效部分未达到预期计划/目标或岗位职责/分工要求，在一些方面存在不足或失误，但能与前期平均水平基本持平。	实际完成值与目标值有一定差距	<　70且≥60	50%
E	不合格	实际绩效有多项或主要部分未达到预期计划/目标或岗位职责/分工要求，在很多方面或主要方面存在严重不足或失误。	达不到基值，即达不到基于公司目标和该职位职责的基本要求	<　60	0

3.为避免部门间考核过松或过严造成部门之间不平衡，以及避免考核和稀泥、等同化的误差，对考核等级设立的参考比例与对部门绩效的考评和部门领导者的考评结果挂钩，各部门人员考评等级按以下比例执行。

部门绩效＼员工绩效	优	良	合格	基本合格	不合格
部门考核为优	20%~25%	65%~70%	5%~10%	0~5%	0~5%
部门考核为良	10%~15%	60%~65%	5%~15%	0~5%	0~5%
部门考核为合格	5%~10%	40%~50%	25%~30%	10%~15%	5%~10%
部门考核为不合格	0~5%	30%~40%	30%~40%	15%~20%	15%~20%

第十五条 考核结果应用

1.月度考核结果：月度考核结果与员工月度奖金挂钩。

月度奖金=奖金基数×个人绩效考核因数

2.季度考核结果：季度考核结果与员工季度奖金挂钩。

季度奖金=奖金基数×个人绩效考核因数

3.年度考核结果：年度考核结果与年终效益奖挂钩，并作为次年工资调整和岗位调整的重要基础。

年终效益奖=效益奖基数×个人绩效考核因数×公司绩效考核因数

4.原则上年度绩效考核结果为A级的员工予以加薪，由考核委员会根据业绩将员工工资上调。年度绩效考核结果为A级的员工有资格参加优秀员工的评选。

5.年度绩效考核结果为D级的员工予以降薪,由考核委员会根据业绩将员工技能工资下调1级至数级。

6.年度绩效考核结果为E级的员工予以调整岗位,下降职级处理,严重不合格者予以解除劳动关系处理。

7.公司绩效考核因数由公司考核委员会根据公司经营业绩指标达成情况综合评估后确定。达到绩效指标则为100%,未达标则相应降低。如超额完成,则相应提高因数。

8.月度及季度奖金基数调整参照集团薪酬福利体系。

链接2

腾讯员工考核标准

标准项	行为标准	关键词
客户导向	以身作则并鼓励员工通过各种渠道了解与挖掘客户需求	挖掘需求
	工作中有意识地针对客户需求（含内部用户）提出改进建议，并落实解决	满足需求
	重视客户的投诉和反馈，遇到客户问题的第一时间解决或安排下属解决，而非抱怨与推卸责任	重视客户的投诉和反馈，遇到客户问题的第一时间解决或安排下属解决，而非抱怨或推卸责任
工作管理	分解部门目标并落实到每一位下属，使下属清楚个人目标对公司/部门战略的意义与价值	目标分解
	向下属下达工作任务时，清晰界定完成的流程、责任、期望及时间	任务下达

续表

标准项	行为标准	关键词
工作管理	定期与上级沟通任务的完成进度、困难与问题，重点项目完成后提交总结分析报告	向上沟通
	建立团队与团队之间定期沟通机制（周报、例会等），关注团队任务进度，并提供必要的支持与辅导	沟通机制
流程管理	以身作则并推动下属及时固化有效运作的流程，并不断把例外管理规范化	组内流程
	跨团队合作中，通过建立流程来解决经常出现的问题	跨团队流程
	鼓励员工针对流程中的问题提出合理化建议，并择优采纳实施	流程优化
团队领导	身体力行并强调公司的核心价值观与文化导向，并带领团队落实到具体工作中	公司文化传递
	持续传递清晰的团队发展方向，营造团队积极高效的工作氛围	团队工作氛围
	营造坦诚开放的沟通氛围，鼓励下属反馈问题与提出建议，正向引导员工情绪	沟通氛围

续表

标准项	行为标准	关键词
人才培养	与下属共同设定其个人发展计划，至少每季度就下属的成长情况进行一次沟通	PDI
	根据下属的能力与发展计划，分配工作并进行合理授权，使下属对任务的完成情况负责	授权委责
	当员工表现与目标出现差距时，及时、坦诚地指出，并提供辅导	员工辅导
	向下属表达信任，并经常赞赏下属在工作中所取得的进步与成绩	员工激励
	创造机会并鼓励下属参与各类经验交流与分享和加入跨团队项目	创造成长机会
	至少发展一名自己的接班人，培养其独立承担重大项目的能力	培养接班人
尽责合作	定期与合作团队沟通计划完成进度，善于组织各类资源，解决工作中遇到的困难与问题	沟通与协调
	鼓励并组织跨团队交流，了解所属部门及系统的业务，培养团队成员的合作意识与态度	鼓励合作
	遇到问题与出现失误时，不背后抱怨，通过正当途径沟通，勇于承担责任，不向他人推卸责任	承担责任
	以身作则并倡导团队主动承担边界模糊的工作	承担边界模糊工作

续表

标准项	行为标准	关键词
变革创新	带领团队关注所从事领域的最高水平与发展趋势，并在团队内分享	关注行业发展
	不否定创新建议，聆听下属及其他团队的创新想法，并共同分析可行性	鼓励创新
	乐于接受并积极推动公司的变革举措	推动变革
职业形象	塑造自信、正直的领导者形象，能够在各种利益诱惑下坚持原则	正直
	热情投入工作，乐观面对困难与竞争，不轻言放弃，强烈渴望为公司和客户创造价值	激情
	以大局为重，必要时能够牺牲局部小我和暂时利益	全局观
	能够控制自身情绪，塑造亲和、敬业、高效的职业形象	情商
	开放、公正，以客观表现评价每位下属	客观公正

专题1

绩效考核：不要成为管理的"鸡肋"

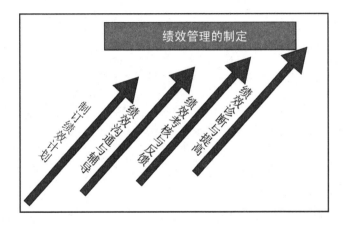

  西方企业的绩效管理为两个目标服务：一是定期考查员工的工作业绩，并依此奖励或者惩罚员工；二是保持员工和组织之间的有效沟通，努力使二者保持一致，实现员工目标与企业战略目标的对接。而在一定意义上，后者更是绩效管理的核心目的所在。绩效管理是一个完整的系统，它应该按照制订绩效计划→绩效沟通与辅导→绩效考核与反馈→绩效诊断与提高这样的循环来设计和推行。如果企业没有这样设计，或者执行者（直线管理者)不按这样的流程执行,那么绩效管理必然在执行的过程中流于形式,浮于表面,最后沦为鸡肋。

不管是对考核者,还是被考核者,年终绩效都会搞得天怒人怨。应对年终考核与总结,作为职场中人,不焦虑都不行。

年终绩效考核时,公司要有总结评估,个人要有回顾分析,甚至严肃到以绩效考核结果加薪发奖,或末位淘汰。匿名、具名、自评、他评,上级评分、协作部门评分、360度等各种方法,程序上都是为了考核公平合理,体现实际绩效情况。

多数管理人员及员工都认为自己为企业努力工作了一年,做出了相当的甚至巨大的贡献,给自己的评分鲜有低于平均水平的。然而,考评结果按好中差或分数等级是有一个比例要求的,总有一半甚至更多的人会得到平均水平或低于平均水平的评分,于是乎,人们就觉得自己是不公平的受害者。

那么,每个人都高于平均水平,这可能吗?社会心理学的大量研究表明:多数人都表现出自我服务偏见。事实上,我们多数人都对自己感觉不错。

在企业,年终绩效评估不但要根据企业的实际情况不断完善考核评价机制,营造良好的企业氛围,而且要做好员工的心理抚慰工作,帮助员工提升自我认知和心理资本,激励员工士气。

绩效考核是现代企业的管理之首道,如何进行绩效考核,让绩效考核不流于形式,却一直困扰着人力资源工作者。绩效考核的作用在于"激励"，前提是员工与管理者认真参与。一个受到抵触或者敷衍的考核方法是无法起到激励作用的。可是，公司少则几十人，多则成百上千人，怎样才能通过一套考核方案将80%或以上的员工都被激励起来呢? 为了解决这个问题，绩效考核的原则有如下:

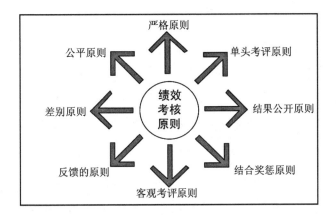

1.公平原则。公平是确立和推行人员考绩制度的前提。不公平，就不可能发挥考绩应有的作用。

2.严格原则。考绩不严格，就会流于形式，形同虚设。考绩不严，不仅不能全面地反映工作人员的真实情况，而且还会产生消极的后果。考绩的严格性包括: 要有明确的考核标准;要有严肃认真的考核态度;要有严格的考核制度与科学而严格的程序及方法等。

3.单头考评的原则。对各级职工的考评，都必须由被考评者的"直接上级"进行。直接上级相对来说最了解被考评者的实际工作表现（成绩、能力、适应性），也最有可能反映真实情况。间接上级（即上级的上级）对直接上级作出的考评评语，不应当擅自修改。

4.结果公开原则。考绩的结论应对本人公开，这是保证考绩民主的重要手段。这样做，一方面，可以使被考核者了解自己的优点和缺点、长处和短处，从而使考核成绩好的人再接再厉，继续保持先进;也可以使考核成绩不好的人心悦诚服，奋起上进。另一方面，还有助于防止考绩中可能出现的偏见以及种种误差，以保证考核的公平与合理。

5.结合奖惩原则。依据考绩的结果，应根据工作成绩的大小、好坏，有赏有罚，有升有降，这种赏罚、升降不仅与精神激励相联系，而且还必须通过工资、奖金等方式同物质利益相联系，这样，才能达到考绩的真正目的。

6.客观考评的原则。人事考评应当根据明确规定的考评标准，针对客观考评资料进行评价，尽量避免掺杂主观性和感情色彩。

7.反馈的原则。考评的结果（评语）一定要反馈给被考评者本人，否则就起不到考评的教育作用。在反馈考评结果的同时，应当向被考评者就评语进行说明解释，肯定成绩和进步，说明不足之处，提供今后努力的参考意见等等。

8.差别的原则。考核的等级之间应当有鲜明的差别界限，针对不同的考评评语在工资、晋升、使用等方面应体现明显差别，使考评带有刺激性，鼓励职工的上进心。

提升企业绩效，要从总体战略规划开始，对企业所处各类市场、各类业务详细规划，这涉及组织结构调整，部门职责和责任边界的划分；信息流、资金流、物流等流程的合理顺畅；企业文化氛围的营造；组织行为的规范；人力资源规划、薪酬和绩效考核设计等诸多内容。总之，企业战略和高层决策团队直接影响组织绩效，部门绩效部分影响组织绩效的达成，个人绩效影响部门绩效，三者综合构成了企业绩效。由此看来，人力资源管理对企业整体绩效影响是间接性的，希望通过人力资源管理提升企业整体绩效的逻辑是有问题的，很难奏效。面对现实问题，企业一定要对"症"下"药"，具体问题具体分析，希望我们的管理者重视绩效考核，做好绩效考核！

（本文摘编自《绩效考核：不要成为管理的"鸡肋"》，
来源：牛津管理评论；作者：谭小芳）

专题2

绩效考核的四点注意事项

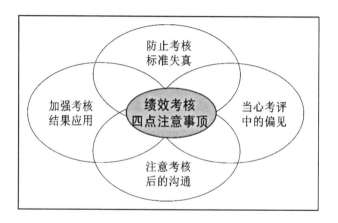

一、防止考核标准失真

1.权责不当,标准不符。安排某项任务,未赋予相应的权利,致使工作不能如期完成,在这种情况下用原标准进行考核,必然挫伤员工积极性。

2.考核制度含糊。没有明确的考核制度,无章可循,考核人不能进行有效考核,以经验判断为标准,缺乏针对性和公平性,没有发挥绩效考核作用。

3.绩效权重不当。任务绩效占的比重不大，态度和纪律占的比重偏高，即使按考核制度执行，结果也由遵守纪律情况好坏决定。这样考核下去，员工倾向遵守纪律，却发挥不了积极性。

4.考核标准不健全。定性标准缺少详细描述，不同人有不同理解；定量指标未分解，主观成分多；指标设计轻浮，不合理。

二、当心考评中的偏见

1.信息失衡。考评过程涉及大量信息，早期的信息可能被扭曲，近期的信息所占比例太大，造成考核结果出现误差。

2.晕轮效应。考评人往往以偏概全，把绩效中的某一方面甚至与工作绩效无关的某一方面看得过重，而影响了整体绩效的考评，导致过高评价或过低评价。

3.近因误差。考评人往往只注重近期的表现和成绩，以近期印象来代替整个考查期的表现情况。

4.情感效应。考评人不能控制自我，考评过程夹带个人主观意识，凭借自己好恶之心随意打分，造成考核有失公平。

5.考核缺乏严肃性。考核人责任心不强，流于形式，任务绩效考核方面基本都一样，造成绩效优劣不分，导致员工注重形式上的东西，比如考勤等，只追求考核不扣分。

三、注意考核后的沟通

每次考核后,直接主管和被考核人就考核结果应该进行一对一、面对面地坦诚交流和沟通,肯定成绩,同时要确认不足,找出改进办法。反之,直接主管不能就考评结果及时地进行沟通和评估,被考评者不了解考评结果或不清楚工作中存在哪些问题,就不能有针对性地改进不足,考评失去意义,也将导致后续考评走过场。

四、加强考核结果应用

1.强制排名。对考核结果,按部门进行排名,可分优、良、中、基本合格、不合格排序,公布考核结果,激励先进,鞭策落后。

2.强化激励措施。对考核结果优秀者,及时公开表扬,通过大会进行表彰,重点培养业绩优秀、潜能大的员工,为今后的晋升及中高层人员的更替进行人才储备。

3.采取补救措施。对考核结果较差的员工,给予果断处置,如降级、转岗、培训等。

(本文摘编自《绩效考核的四点注意事项》,来源:北京人才市场报,
作者:李华江,2004.7)

· 延伸阅读 ·

华为：坚持干部考核

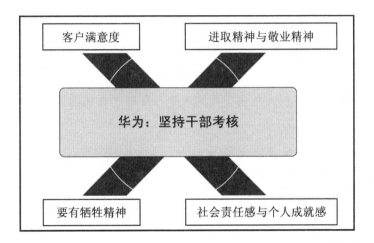

企业高管是一个特殊的人群，特殊在于其工作的非常规、不确定而又异常重要。对任何企业而言，高管层都是极其特殊和重要的。由于高管能够控制和影响公司业绩，甚至能够通过影响公司报表来制造业绩，因此没有适当的评价和考核体系仅对高管进行激励对公司的危害将更大。

首先要将企业的绩效考核与高管人员的绩效考核区分开来。建立高管人员绩效考核指标体系，这套指标体系里包括对企业绩效的评价，但只是作为高管人员工作考核的一部分，还要包括高管人员个人能力素质的考核、考虑宏观环境的影响等等，全面地考核高管人员的业绩。目前虽然已有人做这项工作，但还不完善。

其次，对高管人员绩效考核指标要有所选取。对企业绩效考核的指标已经研究得比较多，对指标的选取有一定的认同，同时还有很多新的指标在出现，比如EVA、托宾Q等。应用统计学等方法寻找合理的高管人员绩效考核指标也是当务之急。

再次，评价方法上要改进。为了克服人的主观判断出现的差错，现在的评价体系非常注重定量的评价，期望所有方面都能通过给选定的指标赋值来得到客观的评价。

2005年，华为对干部的考核制度进行了一些变革。华为总裁任正非在其讲话《华为公司的核心价值观》中这样说道："对于干部关键事件过程行为的评价，我们都有评定的依据，不同层面的主管会去看他哪些关键事件以及在关键事件里面的过程行为怎么样，高层主管和基层主管会看你哪些关键事件或者有意让你在一些关键事件中去锻炼，在锻炼的过程中再对你体现出来的行为进行评价，然后得出绩效考察的结果和关键事件过程行为评价的结果，它和干部的薪酬是直接挂钩的。

"中高层管理者年底目标完成率低于80%的，正职要降为副职或给予免职；年度各级主管PBC完成差的最后10%要降职或者调整，不能提拔副职为正职；业绩不好的团队原则上不能提拔干部；对犯过重大过失的管理者就地免职；被处分的干部一年内不得提拔，更不能跨部门提拔；关键事件过程评价不合格的干部也不得提拔。这是人力资源管理的一些变革，形成我们整个人力资源管理的体系和干部培养与选拔的体系，使得我们做任何事情都有章可依，有法可循。考核是考核不走优秀干部的，不坚持考核是以公司结束为代价的。"

客户满意度

客户满意度是华为从总裁到各级干部的重要考核指标，客户需求导向和为客户服务蕴含在干部、员工招聘、选拔、培训教育和考核评价的整个过程中，以此来强化对服务贡献的关注，并固化到干部、员工选拔培养的素质模型，固化到招聘面试的模板中。

进取精神与敬业精神

据《北京青年报》记者王博的记载，"一项针对40家全球性企业的调查发现，员工对工作的敬业度和公司业绩有着联系，该结果令人注目。此项调查对公司的业绩和员工工作的敬业度数据进行了回归分析，结果发现，员工敬业度最高的企业，总体营业收入及每股盈利按年分别上升了19%及28%，而员工敬业度最低的企业，其总体营业收入及每股盈利按年分别下降33%及11%。另一项历时3年的相关研究显示，员工敬业度最高的企业营运利润增加了3.7%，而员工敬业度最低的企业则下降了2%。"

任正非在题为《华为的红旗到底能打多久》的演讲中谈道："强调员工的敬业精神，选拔和培养全心全意、高度投入工作的员工，实行正向激励推动。不忌讳公司所处的不利因素，激发员工拼命努力的热情。

"知识、管理、奋斗精神是华为创造财富的重要资源。我们在评价干部时，常常用的一句话是：此人肯投入，工作卖力，有培养前途。只有全心全意投入工作的员工，才能被造就成优良的干部。我们常常把这些人放到最艰苦的地方、最困难的地方，甚至对公司最不利的地方，让他们快快成熟起来。"

　　任正非曾在文章中指出，华为公司在选拔企业管理者时，首要的是进取精神与敬业精神。他认为："合格的管理者需要具备强烈的进取精神与敬业精神，没有干劲的人是没有资格进入领导层的。这里不仅仅是指个人的进取精神，而是自己所领导群体的进取与敬业精神。"

社会责任感与个人成就感

　　2007年8月23日，美国《商业周刊》一篇名为《有必要向中国灌输社会责任感》的文章写道："真正的问题是：有必要向中国不断壮大的工厂主和经理人群体灌输这样一个基本观念，即维持一个企业的唯一办法是确保他们养成社会责任感。实际上，这是中国企业持续发展的唯一办法。"任正非也从来不对华为的经济目的遮遮掩掩，但是，任正非也强调华为必须服务社会，为社会做出贡献。

　　任正非在其题为《全心全意对产品负责，全心全意为客户服务》的演讲中谈道："我们既重视有社会责任感的人，也支持有个人成就感的人。什么叫社会责任感？什么叫个人成就感？'先天下之忧而忧，后天下之乐而乐'，这是政治家的社会责任感，我们所讲的社会责任感是狭义的，是指对我们企业目标的实现有强烈的使命感和责任感，以实现公司目标为中心、为导向，去向周边提供更多更好的服务。还有许多人有强烈的个人成就感，我们也支持。我们既要把社会责任感强烈的人培养成领袖，又要把个人成就感强烈的人培养成英雄；没有英雄，企业就没有活力，没有希望，所以我们既需要领袖，也需要英雄。但我们不能让英雄没有经过社会责任感的改造就进入公司高层，因为他们一进入高层，将很可能导致公司内部矛盾和分裂。因此，领导者的责任就是要使自己的部下成为英雄，而自己成为领袖。"

少年时在艰苦环境下读书的经历，令成人后的任正非刻骨铭心。1998年，寒门出身的任正非一次性拿出2500万元，在各主要高校设立了"寒门学子奖学金"，资助家境不好、学习上进的大学生。后来拗不过当时国家教委的坚持，改称为"寒窗学子奖学金"。

要有牺牲精神

华为总裁任正非在干部后备队结业证书上的题词是这样的："只有具有牺牲精神的人，才有可能最终成长为将军；只有长期坚持自我批判的人，才会有广阔的胸怀。"

如今华为的员工更多的是"80后"的新青年，他们比起自己的前辈，更讲究个性张扬，更注重以自我为中心，自然与华为的这种"艰苦奋斗"精神多少有些格格不入。这也是华为人力资源管理在近几年遇到的比较棘手的问题。

但是，一切的争议和埋怨到了任正非这里，都无从立足。早在1998年，他就在《我们向美国人民学习什么》中强调了忘我献身精神对华为的重要性。他在文章中这样写道："多年来我接触过相当多的美国科技人员，由于一种机制的推动，非常多的人都十分敬业，苦苦地追求着成功，这是一种普遍的现象，而非个例。比尔·盖茨初期没有电视机，而是由他父亲帮他看新闻而后告诉他。有些人不理解，因此也不会理解中国的许多科技工作者在那么低的收入中忘我奋斗与牺牲的精神，理解不了两弹一星是怎么造出来的，理解不了袁隆平为什么还那么农民。大庆铁人王启明不就是这么苦苦探索二三十年，研究分层注水、压裂，使大庆稳产高产成为世界奇迹的吗？"

任正非还举了很多这样的例子。

例如：在举世闻名的美国IBM公司，具有忘我和牺牲精神的管理者为公司做出了不可估量的贡献。他们中间有一位被称为"棒子杰克"的，其真名为伯特伦，但因为他的工作态度出名的严厉，反而使人们淡忘了他的真名。在IBM，凡是很自负的员工（包括很多高手），都会被派到"棒子杰克"的部门去工作。由伯特伦来考验他们，这是过关的必经之路，由此也使许多人对他怀恨在心。伯特伦每天只睡三四个小时，有时会半夜三点起床到他管辖的某个工厂去逛逛。看看有什么问题，任何人的汇报都欺瞒不了他。他的工作方法曾经妨碍过他的晋升，但最终他获得了人们由衷的尊敬。

伯特伦在56岁时，卧病在床。他清楚自己来日不多了，但是他仍然继续工作。当伯特伦的上司屈勒去医院看望他时，他正靠人工器官呼吸维持生命，但令人吃惊的是，伯特伦临死也不忘IBM的改革，他在这时还向上司推荐主持工作站工作的人选。

再例如：伯兰是IBM企业联盟构想的提出者，"企业联盟"后来成长为几百人的部门。企业联盟就是IBM在向客户销售硬件之前，先派一批程序员去与客户沟通，了解客户的需求，然后再按客户的要求在30～90天内做出一些客户需要的软件。这给客户留下了很深刻的印象，也使得客户在购买机器时，首先想到的肯定是IBM。

伯兰在50岁时因为患脑癌而住进医院，虽然做了手术，但由于癌细胞已扩散，医生没能挽救他的生命。伯兰躺在病床上，他在病房安装了一台电脑，每天花好几个小时追踪他的计划进度，发出几十封到几百封电子邮件。临死前，他还说了一句"我动弹不得，就像IBM一样"。彼时，IBM正由于机构臃肿重叠，冗员繁多导致它市场反应缓慢，渐露败相。直到后来郭士纳的到来，完成了对IBM的大手术，才使它重获新生。

任正非无疑是带着无比崇敬的心情，来描述这些拥有忘我奋斗与牺牲精神的人。他说道："如果以狭隘的金钱观来认识资本主义世界的一些奋斗者，就理解不了比尔·盖茨每天还工作十四五个小时的不间歇的努力。不带成见去认识竞争对手，认真向他们学习好的东西，才有希望追赶上他们。"

任正非曾对员工说："为了这公司，你看我这身体，什么糖尿病、高血压、颈椎病都有了，你们身体这么好，还不好好干？"

在《我的父亲母亲》和《华为的冬天》中，任正非也非常清晰地说明了华为"对普通员工不做献身精神要求"，"只对高级干部严格要求"，与柳传志"基层员工要有责任心，中层员工要有上进心，高层员工要有事业心"异曲同工。

第八章

启示篇

启 示 篇

为员工提供事业舞台	人是公司最宝贵财富
"敢于用才"	鼓励内部革命

Tencent

为员工提供事业舞台

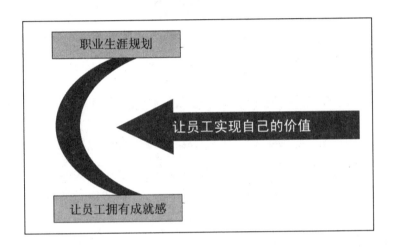

企业需要在员工入职的第一天就告知他有怎样的成长空间，因为即使再平凡的员工，他都希望成长；作为领导，须让员工觉得在这里他会有光明的职业前途和发展空间。

尤其是现在的很多年轻人，他们可能更注重的不是薪水，而是企业给他们的成长空间。此外，帮助人才理清人生目标，建立工作愿景，让人才有目标、有愿景地工作，快乐地享受工作过程，并感受工作的崇高和神圣！

全球第一 CEO 杰克·韦尔奇曾经说过："越多的人参与到企业的成功中来，就越激动人心。"在腾讯，这句话有另外一个版本："让每一位腾讯人与腾讯一起成就闪亮的未来。"

腾讯更注重员工和企业共同成长、成就的理念，给员工提供所有可能的条件，让员工努力去实现自己的价值。

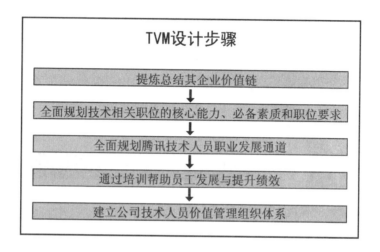

1. 职业生涯规划

面对互联网行业人才的激烈竞争，为保持公司持久的竞争优势，人才战略被腾讯视为公司下一个发展阶段的战略重点。企业既能吸引人才，又能留住人才，更为重要的是企业要拥有一套能够持续培养"全明星"梯队的人才培养机制。于是从2004年底开始，腾讯耗费巨大精力、投入大量资金在进行一个 TVM（Technology Value Management，价值管理体系）的项目，并且公司从总办领导到基层员工都非常关注，这个项目正是从员工和企业共同发展的角度来考虑的，为他们规划职业生涯。员工们也会感觉到公司是在为他们着想。

经过全面的背景分析及雇员访谈，项目小组全力协助腾讯公司进行规划，设计了其技术人员价值管理体系（TVM）：

通过对腾讯公司的企业战略、企业文化与价值创造过程分析，提炼总结了其企业价值链；

通过深入调查和现状分析，并引入 HP 全球人力资源管理经验，全面规划技术相关职位的核心能力、必备素质和职位要求，为腾讯选拔、培养和使用符合公司战略发展需要的技术员工提供基础保障；

全面规划腾讯技术人员职业发展通道，确定技术人员职业发展通道等级划分，提出不同阶段对技术人员领导力、业务、知识技能和素质的要求，通过职业发展规划引导员工不断进步，确定技术等级评定方法；

建立与职业通道和工作要求相适应的技术培训和课程体系，通过培训帮助员工发展与提升绩效；

建立公司技术人员价值管理组织体系，提升主管管理技能，并对公司薪酬、绩效等反映职位价值报酬体系的改进提出专业建议，供公司高层决策。

2. 让员工拥有成就感

在互联网行业，很多人都喜欢创业，因为这个行业的创业成本比较低，资金也相对容易获得。腾讯的员工离开企业，大部分都是因为要创业，或者是因为追求更好的发展空间。然而，企业在回访时发现，创业的成功率不到 5%。腾讯后来就考虑，如何让大家避免无谓的牺牲，让他们在腾讯拥有同样的成就感。

在腾讯，其人力资源方面更多关注的是个人职业生涯的发展，为员工创造更广阔更完善的平台，让大家有归属感，愿意而且能够在腾讯成就一番事业。所以，腾讯做得更多的不是鼓励员工创业，而是激励员工创新。

只要员工有好的创意，就可以跟经理谈，腾讯提供一个非常开放的氛围。这个创意给公司带来了收益，公司就马上给予相应的包括精神、物质方面的奖励。譬如说现在前景非常好的业务——"QQ 秀"，它的策划人在这个项目取得成功之后，除了待遇的提升外，也在公司实现了自我价值。

所以到目前为止，腾讯员工的离职率非常低，全年低于 5%。在人才市场，很难碰到从腾讯离开的员工。

实际上，腾讯的平台很大，从某种角度来说，一个新的技术对应的就是一家外部的公司，团队领导者背负的责任、创造的价值也不亚于一家企业的负责人。腾讯会为员工提供这些事业舞台。

人是公司最宝贵的财富

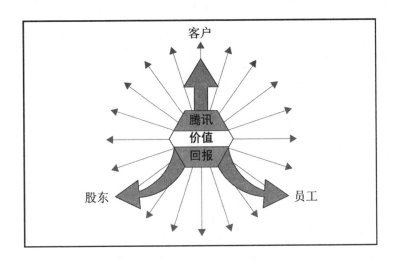

在马化腾创立腾讯的时候就非常清楚地认识到，人是公司最宝贵的财富，他非常希望能够为员工创造一种温暖而和谐的氛围。腾讯将公司价值回报的顺序定为：客户、员工、股东。之所以将员工放在股东的前面，是因为腾讯一直坚持认为员工是腾讯财富的重要创造者，腾讯在待遇回馈方面，为员工提供了在业界领先的薪资待遇。

不过高薪并不一定能给员工带来家的感觉，公司软硬件环境也同样重要。即便是早期腾讯在条件并不是很好的情况下，公司在办公环境以及为员工服务上也做了大量的投入。比如员工上下班有班车接送，上班时公司提供有免费早餐奶、咖啡饮料等，每当生日时为员工送上蛋糕，每年为员工提供健康体检，定期组织外出旅游等活动。这些虽然都是很小的事情，但腾讯从未忽略过对公司硬件环境的改善，其目的就是为了培养员工的归属感。

腾讯人力资源部向员工传递了这样一个信息，只有那些能够为公司长期发展创造业绩的骨干员工，公司才可能坚定不移地将优势资源集中在他们身上，他们也才可能成为真正的家庭成员。

"敢于用才"

作为互联网的龙头企业，腾讯一直是高校学子心中的理想雇主。当然，除了"美名在外"，对于实习生而言，最具吸引力的还是腾讯的"敢于用才"。

在腾讯，实习生并不只是负责"复印""快递"的职场菜鸟，他们会被安排在一线的核心岗位，加速成长发展，给他们"试错"的机会。同时，公司又为他们配备一名"导师"，给予他及时的辅导和教练，帮助他们快速融入环境。

腾讯的实习生计划从 2009 年开始，至 2012 年已有 4 年的历史。腾讯 2012 年开放的 1000 多个实习生岗位涵盖了技术开发、市场、产品以及职能类的各个岗位，其中技术人才一直是招聘的重点。优厚的福利待遇也让腾讯实习生的签约逐年攀升。

在腾讯，实习生招聘的具体流程是这样的。腾讯首先会通过各种渠道将岗位信息告诉大家，然后会通知感兴趣的同学前来笔试。接下来会邀请笔试合格者接受三轮左右的面试，从中我们会确定理想的人选并发放录用通知。

原则上，为了保证学生的实习效果，腾讯希望学生在不影响学业的前提下，可以连贯地参加实习。如果学生在实习期间需要暂时返校超过半天以上，则需要提前三天向所在部门提出申请，经部门审批确认后可以离岗。如果学生需要离开实习岗位超过一个月，则要提前办理结束实习的离职流程。

在腾讯总部，可以看到一位"黄头发""蓝眼睛"的巴西小伙，目前他已完成公司实习，并已成为正式的腾讯人。而这，得益于腾讯开展的"海外校园招聘"，这一项目拓展至包括哈佛、斯坦福、沃顿商学院在内的海外名校，展现出腾讯对于国际业务发展的抱负。

在国内院校，除了奖学金计划外，腾讯还与国内高校组成"校企合作开放平台"，进行联合人才培养。另外，腾讯与高校间有大量科研项目的合作，参与其中的学生也是腾讯提前锁定的人才。与此同时，腾讯一直关注国内外各类计算机竞赛的获奖学生，并与校方建立良好的关系，由学校定期推荐优秀人才。稳固的校园关系，为腾讯提前锁定优秀人才打好基础。

鼓励内部革命

腾讯目前最大的挑战，不是来自外部，而是怎么能统一20000多名员工的思想，让他们认识到该干什么。腾讯最大的敌人是自己。腾讯有团队，又有执行力，又能赚钱，而且短时间内没有企业能像腾讯那样赚钱，所以腾讯最大的敌人是自己。

重新梳理管理结构是腾讯当下最重要的事情。腾讯的管理架构需要变革，业务线过于繁杂，而且现在单一体系下管理都非常困难，更何况很多部门大家都有自己的想法，协同效应也体现不出来。现在腾讯完全是凭借庞大的用户基数架构进行拉伸。马化腾也已认识到这些问题。在 2011 年 10 月 31 日 Tech Crunch Disrupt 北京大会上，马化腾意外地表示：

> 最关键的是未来能不能保持像小公司一样灵活，而不是公司越大越官僚，内部决策很慢，对用户新的需求反应很慢，这是我每天担心也希望每天和同事传达的。

某种程度上，当小马哥希望"内部创新、鼓励竞争"而又没有在相应的管理机制上加以限制之后，腾讯已经走向了野蛮生长的状态。

马化腾是鼓励创新的。鼓励内部竞争的后果就是腾讯的新产品层出不穷，没有一个腾讯员工能说得清楚，腾讯到底有多少部门，有多少产品线，因为这是一个时刻在发生的事情。看到有新的应用、好的产品，一个部门主管就可以立刻安排人去做这个新的项目。

腾讯庞大的用户基数和渠道推广能力以及强大的研发能力，都是腾讯帝国成功的关键因素。但在这疯狂的扩张过程中，也出现许多问题。诸如产品线的混乱、与同行公司矛盾的白热化、面临垄断起诉、遭到不尊重用户隐私的质疑等等。对于这些问题，马化腾也疑惑了。

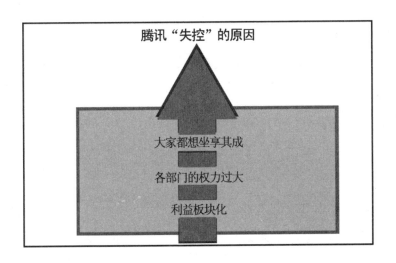

腾讯"失控"的原因

大家都想坐享其成

各部门的权力过大

利益板块化

从根本来看，导致今天腾讯"失控"的原因有三：第一，利益板块化。各立山头，各部门都为了自己的利益，不可能有创新。

第二，各部门的权力过大。部门内的创新很多是任人唯亲，新来的人并不懂。从领导层面上看，外行领导内行，内行的东西要被外行否定。第三，大家都想坐享其成。把握7亿多的QQ基础用户，在此之上"任我所为"。

抛开纷扰，客观来看，腾讯内部竞争的最大成绩就是出了微信这个产品。微信产品的成功，也让马化腾受启发颇多，这个2011年1月推出的一款通过网络快速发送语音短信、视频、图片和文字，且支持多人群聊的手机聊天软件，一年多注册用户过亿。但这不足以抵消腾讯所面临的内部过度竞争之后的恶果，这就是当下的失控局面。腾讯意识到了这些问题，成立了战略发展部。由战略发展部做一些前瞻性的研究，包括形成跨部门的协调机制，以期更好地对外开放。

微信的研发并非来自核心部门，不过是在广州这个区域性的研发中心诞生的。在对业务进行梳理的过程中，最大限度地激发腾讯内部创新，也被认为是马化腾"二次创业"的重要立论。

2012年，腾讯开始了重组。重组后的腾讯将由6大集团组成，其中由腾讯副总裁张小龙主持、成功推出微信的广州研发中心上位，级别上与其他集团平行。广州研发中心重组后，成为与其他业务部门平级的一个集团。广州研发中心因成功研发微信，而声名大振。微信是腾讯2011年最为成功的产品，而微信也令腾讯成功抢占移动互联网市场。

凯文·凯利的著作《失控》引发马化腾思考。马化腾引述书中观点称，一个大企业有比较成熟的流程，这会让产品、研发等受限，可能达到某一个高点后就陷入局部优势，没办法拥有从内部创新和把握新机会的能力。所以往往一些创新是从边缘地方起来，自下而上。如果企业完全自上而下，说看好了往哪边走，这样往往企业没有活力，很僵化，尤其在互联网变化特别快的产业非常危险，可能不用一年的时间，就会发现落伍。

马化腾认为，对于新兴的模糊地带需鼓励自下而上。一旦成熟时，不能完全失控，要依靠成熟业务帮助未成熟业务。比如微信，不在成熟无线业务里面诞生，反而是在广州研发中心诞生。一旦微信成型，腾讯以全公司力量支持微信，包括核心的 QQ 关系链，包括营销资源，包括微博、社交网站都联动起来。这是一个比较好的范例。"如果说你没有营造一个环境，就会产生很多矛盾。对腾讯来说，这是一个挑战，也是很多互联网公司会遇到的问题。"

马化腾说，这就好像是大自然的生物进化一样，进化在不同的环境会有不同的外界刺激，会让局部物种产生变化，适者生存，自然会产生一些地区生物有差异性的变化。适应好自然会成长起来，形成多文化多基因的生物，应该顺应这样的潮流。

2012 年 3 月马化腾对话全球互联网思想家凯文·凯利时如此表示：

抛开外部竞争对手，从未来看，多做对的事情，鼓励内部革命。

其他公司采取的一些用人措施可能会激发企业内部的竞争。众所周知，通用电气（GE）前任首席执行官杰克·韦尔奇大力支持"末位淘汰制"。通用电气的高管根据业绩对员工进行排名，一般来说，垫底的 10% 必须走人。百事可乐公司（Pepsi）的员工流动率也相当高。怀亚特·杰斐高管猎头公司总裁马克·杰斐称："这些方法对他们来说似乎同样奏效。"他还表示，能够顺利通过排名考验的员工在今后跳槽时也会因此而增加求职的砝码。

这能降低"不升职就离职"的负面影响，比如员工不会再那么担忧失去工作了，麦肯锡咨询公司就是"不升职就离职"的典型。但"离职"也并非一定是坏事，辞职的员工常常能在其他公司寻得满意职位，公司每个人都对这个游戏规则心知肚明。不论是"不升职就离职"，还是"末位淘汰制"，核心就是"加油、加油、加油"。

腾讯保安被录取为员工

从保安到IT精英,中国也有林书豪一样的励志故事。2012年3月1日微博上有消息称,腾讯北京分公司20楼前台一名保安经过层层面试被腾讯研究院录取,腾讯公司方面证实了该消息,公司董事会主席兼首席执行官马化腾也通过微博称其故事很励志。

这名保安名叫段小磊(英文名Dream),现已成为腾讯研究院的外聘员工,负责数据整理等基础工作。这个故事被知情人放到微博后迅速传播开来,很快被腾讯CEO马化腾看到并转发,两个小时内被转发20000多条,段小磊也被誉为"2012最励志保安"。

保安熟悉所有员工名字

据腾讯透露,年轻的段小磊只有24岁,毕业于洛阳师范学院,拥有计算机和工商管理的双学位。他带着IT职业经理人的梦想来到北京,几经碰壁后,他决定从事上手很快的保安工作。2011年8月24日,段小磊成为腾讯的一名保安员。很快,段小磊成为腾讯北京分公司20层的名人。大家发现他不仅熟悉楼层里所有人的名字，每天早上还会告诉每个人第几个到的，并做一些善意的生活提醒，比如"明天会变天，注意加衣服""今天加班这么晚，回去好好休息"。

"保安是服务性质的工作，别人上班第一个看到的就是你，我觉得可以做得让大家更满意。做好手头的工作很重要，这样才能让人信任你。"段小磊说。功夫不负有心人，腾讯员工渐渐将段小磊当成了朋友，有时发现他在看计算机方面的书，还会耐心为其解答一些专业问题。

段小磊的梦想是乔布斯

2012年2月，就在这一层工作的腾讯研究院一名负责人Hidi（化名）急需一批外聘员工，她早就知道段小磊在看计算机的书，就半开玩笑地问他："你要不要来帮我们做数据标注的外包工作？"这是一份基础性的工作，主要要求熟练操作电脑，并对数据敏感。令Hidi意外的是，几天后的一个下午，段小磊找到她说已经正式辞职，可以来帮她做数据标注工作了。

经过面试，段小磊顺利成为腾讯的外聘员工，目前负责一些数据整理和数据运营工作。"我告诉他，你先做一些基础工作，在腾讯的学习氛围下好好积累，将来也许可以做一个好的产品经理。"Hidi知道，段小磊的梦想是成为乔布斯那样的终极产品经理。腾讯人力资源部相关人士则表示："腾讯向来本着公平、公正的用人原则，给予优秀人才最大的发展空间。而且英雄莫问出处，腾讯的人才来源非常多元化。"

因为工作涉及对腾讯产品进行外部测试，段小磊便利用休息时间四处找朋友和同学体验产品，还一直活跃在他所组织的测试QQ群上。Hidi对其工作非常满意，开始有意识将一些产品方面的工作交给他，以便他能通过接触产品设计为自己将来的职业规划铺好路，同时找机会让他参加一些内部培训。

"腾讯给了我真正接触互联网、加入一个团队、不断学习和成长的机会。这里不会因为我曾经是保安员而排斥我，反而认可我的努力和工作，把我真正当做他们中的一员。"段小磊清楚地记得第一次以IT人的身份与大家见面时，就有一位从事语音研究的同事说想学这方面的内容尽管跟他说，而另一些同事每天午休去健身时都会问段小磊去不去。

现在，段小磊已是团队里的风云人物。但他仍然对自己保持着清醒的认识，他的工位上贴着各种写着工作任务和励志内容的便笺条："多和同事交流，多向前辈请教""每天浏览行业信息不少于30分钟，每个月发一篇有深度的博文"等等。

（本文摘编自《腾讯前台保安被录取为腾讯员工：马化腾称很励志》，
来源：南方都市报，2012.3）

🍂 附录1

马化腾：打开未来之门

亲爱的同事：

就在两个小时前，我刚刚离开腾讯公司成立12周年庆典现场。在庆典现场，我更多的是强调感谢，感谢兄弟姐妹们12年来与公司的相守，感谢危难时刻大家万众一心的坚持。但是此时此刻，重回到自己的办公室，我还有一些思考想要分享给大家。我是一个不善言辞的人，所以选择邮件的方式与大家沟通。

公司成立以来，我们从未遭到如此巨大的安全危机。这段时间，我们一起度过了许多个不眠不休的日日夜夜。当我们回头看这些日日夜夜，也许记住的是劳累，是委屈，是无奈，是深入骨髓的乏力感。但是我想说，再过12年，我们将会对这段日子脱帽致礼。

作为公司领导人，我个人有必要在此刻进行反思，并把这些反思分享给大家。

1. 这不是最坏的时刻

也许有人认为，腾讯公司正在经历有史以来最危险的挑战。但我想说的是，真正的危机从来不会从外部袭来。只有当我们漠视用户体验时，才会遇到真正的危机。只有当有一天腾讯丢掉了兢兢业业、勤勤恳恳为用户服务的文化的时候，这才是真正的灾难。

2. 也没有最好的时刻

12年来，我最深刻的体会是，腾讯从来没有哪一天可以高枕无忧，每一个时刻都可能是最危险的时刻。12年来，我们每天都如履薄冰，始终担心某个疏漏随时会给我们致命一击，始终担心用户会抛弃我们。

3. 让我们放下愤怒

这段时间来，一种同仇敌忾的情绪在公司内部发酵，很多人都把360公司认定为敌人。但古往今来的历史告诉我们，被愤怒烧掉的只可能是自己。如果没有"360"的发难，我们不会有这么多的痛苦，也不会有这么多的反思，因此也就没有今天这么多的感悟。或许未来有一天，当我们走上一个新的高度时，要感谢今天的对手给予我们的磨砺。

4. 让我们保持敬畏

过去，我们总在思考什么是对的。但是现在，我们更多地想一想什么是能被认同的。过去，我们在追求用户价值的同时，也享受奔向成功的速度和激情。但是现在，我们要在文化中更多地植入对公众、对行业、对未来的敬畏。

5. 让我们打开未来之门

政府部门的及时介入，使得几亿QQ用户免受安全困扰。现在是我们结束这场纷争、打开未来之门的时候。此刻我们站在另一个12年的起点上。这一刻，也是我们抓住时机，完成一次蜕变的机会。

也许今天我还不能向大家断言会有哪些变化，但我们将尝试在腾讯未来的发展中注入更多开放、分享的元素。我们将会更加积极推动平台开放，关注产业链的和谐，因为腾讯的梦想不是让自己变成最强、最大的公司，而是最受人尊重的公司。让我们一起怀着谦卑之心，以更好的产品和服务回馈用户，以更开放的心态建设下一个12年的腾讯！

Pony
（马化腾）
2010 年 11 月 11 日

马化腾精彩语录

◎ 对我来说，现在QQ不是工作，是兴趣。

◎ 就像日常生活中人们对水和电的依赖一样，我们要做成互联网上的水和电。

◎ 腾讯从来没有预设对手，或者任何的假想敌，腾讯人都认为最大的对手就是腾讯人自己。

◎ 我们原来也没想过要成什么样，我们只是觉得有机会去做，发挥所长，也有点回报。

◎ 其实我们挺想学一个企业，但你找不到另一个做即时通信、做无线增值服务、做电子商务和网络媒体，还做网络游戏的公司。

◎ 打个比方，盛大(的即时通信工具)做的只是"对讲机"，而腾讯做的是"手机"。

◎ 此前因为房价涨得太快，我们很多员工感觉买房的期望是越来越渺茫，这个房价太疯狂了。所以我们也曾经跟政府多次谈了这一点，这样深圳对人才吸引力会大大降低，我们确实比较担心这一点。所以说，我们也在这一段时间，同等把薪酬提高，这个很重要的。

第二个产业结构调整，劳动力密集的业务，像我们客服，我们更多是往成都迁。汶川地震之后，我们也跟成都签了合约，我们投入更大的精力，建更大的客服中心。现在我们大部分的客服全部在那边。所以这样的话，是产业结构要调整，劳动密集型要迁出深圳，更加高科技含量、核心的东西放在深圳，你只能跟着发展来发展。

这个压力也很大，我们也不希望说，这个物价和房价是疯狂的，我们希望长期稳定发展。

◎ 当互联网走过了泡沫经济的时候，这个行业再也不是从国外挖几个海归，或者弄一笔风险投资就能成就一番事业的时候了。大家都开始回归于理性的思索，也就在这个时候，一些对市场有着前瞻性思考和善于抓住机会的人，成为这一时期新经济的代表。

　　品牌不是自己封的,一定要有实实在在的产品,满足到各个阶层的人,有口碑、认可了,他会给你这个品牌赋予很多内涵,自然会认可。

　　◎ 有时候不辛苦但压力大,有时候是辛苦但压力不大。

　　◎ 玩也是一种生产力。抄可以理解成学习,是一种吸收,是一种取长补短的方法。

　　◎ 融资关键是要尽量搞清楚,每个投资者对公司发展是有益的还是阻碍的。

　　◎ 核心能力要做到极致。要多想如何通过技术实现差异化,让人家做不到,或者要通过一年半载才能追上。

　　◎ 腾讯要成为最受尊敬的互联网企业。

　　◎ 一个希望成功的人首先要回避风险。做任何事业我都不喜欢冒险。

◎ 我喜欢做能显示自己独特性的工作。

◎ 要取得事业成功, 必须花心思预测未来几个月甚至几年的事情。

◎ 最大的危机感还是QQ用户从年轻化走向成熟化, QQ的产品如何增强自己的用户黏度问题。而且目前互联网的很多领域, 腾讯进入得太晚, 包括搜索、电子商务和门户都比较晚, 这时候会很难做。但是你不做的话, 过两年会更难。

◎ 我们的用户群每年都会长大一岁, 会慢慢成为社会主流。对于不断成长的这些用户, 你要赶紧开发那些能留住他的服务, 一定要留住他。

◎ 在腾讯影响力没改变之前, 谈这些都没用。腾讯必须把自己的品牌中心化、全面化。以前有员工提议给QQ换一个洋名字, 但实际上是没用的, 唯一的方法就是把QQ这个品牌通过踏踏实实的服务、通过实践营销, 一步步把它中心化, 把它做好。慢慢地, 用户会改变的。比如我们的E-mail, 现在是发送最快、最便捷的服务, 如果周围的人用得多了, 他也就敢用了, 只要用得好了, 大家就不会觉得这个服务很低端。这个路走起来很艰难, 但却是唯一正确的路。

◎ QQ用户虽然整体平均年龄较小，但高端用户绝对值依旧很高，应当有针对他们的细分服务，所以腾讯希望能增加整个平台中商务服务的属性。

◎ 用MSN和用QQ一样，实际上就是企业对即时通信的态度是怎样的，一方面怕员工闲聊，但另一方面工作又需要，所以企业也很两难。因此要靠员工的自制力，不能完全一刀切，我们要客观地看待问题，不要戴有色眼镜看待问题。

因此，我们决定采取一种比较中立的做法，也正在给用户开发更合适的服务。

◎ 当互联网的深度整合趋势愈加深入的时候，人们的工作生活也随之发生着悄然的变化，顺应这种趋势是互联网应用无论从规模上还是从范围上都将迎来雪崩式的增长。那时，网络生活化将会跃然而出，成为一个必然。网络将真正成为一个涵盖人们物质生活和精神生活各个方面，能全面展示人们生活元素的平台。

◎ 现在看起来有点可悲的是，中国的互联网现阶段稍微清楚的赢利模式都是跟娱乐挂钩。比如说像广告业务应该更有机会的，但是（市场）还没有成型，还没有到这个时机。这个可能是一个必经的阶段，因为市场就是这样，发展阶段、客观环境就是这样子，但并不代表永远是这样的。所以长期来看，也觉得这个（与娱乐挂钩的赢利模式）是有天花板的，这只是一个平衡阶段，不可能一直永久地涨下去，最终还是要有广告收入、电子商务的收入。

◎ 有用户群，到最后怎么做，其实是一个摸索的过程。做互联网大家其实都没有想太多，只要有眼球、有注意力，就有收入。那时候是从广告模式上去考虑。过了差不多10年了，现在才开始有一定的规模，但不是最大。

◎ 腾讯未来的发展将主要体现在：发展并完善体现社区化和互动性网络人际平台；进一步凸显个人信息处理的功能；更加强调互联网应用的整合，尤其是与无线互联网资源的整合，3G机遇的融合；即时通信与社会文化深度融合，传播正确的文化导向和价值诉求也是即时通信发展中面临的重要课题。今天，腾讯的目标就是要搭建这样一个网络生活的平台。

参考文献

[1] 薛芳. 企鹅凶猛：马化腾的中国功夫[M]. 北京：华文出版社，2009.11.

[2] 吴昊. QQ教父马化腾传奇[M]. 北京：中国经济出版社，2011.1.

[3] 林军，张宇宙. 马化腾的腾讯帝国[M]. 北京：中信出版社，2009.8.

[4] 胡林英. 顶级CEO的原则[M]. 北京：中信出版社，2003.1.

[5] 腾讯十年创作组. 企鹅传奇[M]. 深圳：深圳报业集团出版社，2009.6.

[6] 严家明，吕国荣. 人品比能力更重要[M]. 北京：电子工业出版社，2010.1.

后 记

　　在《腾讯的人力资源管理》的写作过程中，作者查阅、参考了大量的文章、文献和作品，部分精彩文章未能正确及时注明来源及联系版权拥有者并支付稿酬，希望相关版权拥有者见到本声明后及时与我们联系，我们都将按相关规定支付稿酬。在此，深深表示歉意与感谢。

　　由于编者水平有限，书中不足之处在所难免，诚请广大读者指正。同时，为了给读者奉献较好的作品，本书在写作过程中的资料搜集、查阅、检索与整理的工作量非常巨大，需要许多人同时协作才得以完成，我们也得到了大家的热心支持与帮助，在此感谢林立荣、王中宁、朱天会、王和培、林晶、卢运杰、陶其香、林达衍等人，感谢他们的辛勤劳动与精益求精的敬业精神。